UM NOVO PROJETO PARA O
BRASIL

Maurício Borges Lemos

UM NOVO PROJETO PARA O

AS REFORMAS POLÍTICAS, ECONÔMICAS E SOCIAIS DE QUE O PAÍS PRECISA

© 2019 - Maurício Borges Lemos
Direitos em língua portuguesa para o Brasil:
Matrix Editora
www.matrixeditora.com.br

Diretor editorial
Paulo Tadeu

Capa
Allan Martini Colombo

Diagramação
Daniela Vasques

Revisão
Cida Medeiros

CIP-BRASIL - CATALOGAÇÃO NA PUBLICAÇÃO
SINDICATO NACIONAL DOS EDITORES DE LIVROS, RJ

Lemos, Maurício Borges
Um novo projeto para o Brasil / Maurício Borges Lemos. - 1. ed. - São Paulo: Matrix, 2019.
120 p. ; 16 x 23 cm.

Inclui bibliografia
ISBN 978-85-8230-576-8

1. Economia - Brasil. 2. Desenvolvimento econômico - Brasil. 3. Brasil - Política e governo. I. Título.

19-59574   CDD: 338.9
                      CDU: 330.34(81)

Leandra Felix da Cruz - Bibliotecária - CRB-7/6135

*Dedico este trabalho a Rômulo Borges da Fonseca,
amigo e colega dos tempos do colegial,
pela ajuda para a publicação deste livro.*

Agradecimentos

Agradeço a colaboração inestimável de Samy Kopit, parceiro de várias décadas, que leu o original e deu pertinentes sugestões de forma e conteúdo para a produção desta obra. Agradeço também a Lucília Azevedo pela revisão, normalização e pré-edição de todo o trabalho.

Sumário

Introdução 11

1. Estado, reforma, revolução e socialismo no pensamento clássico da esquerda 15
    1.1. Reforma ou revolução? 16
    1.2. Um suposto atalho: nem Rosa, nem Kautsky, nem Bernstein, e sim Lenin e Stalin 19

2. Do presidencialismo de coalizão ao parlamentarismo da exclusão (ou o pesadelo dos 300 picaretas no Congresso, segundo Lula nos anos 1990, até o dia da noite de horrores – 17/4/2016) 21
    2.1. O *impeachment* para além da questão conjuntural: a instabilidade: estrutural 21
    2.2. O voto proporcional e a rede de cabos eleitorais 22
    2.3. Os avisos de que o câncer poderia tomar conta do organismo 24

3. A reforma política 27
    3.1. Voto proporcional *versus* voto distrital 27
    3.2. Argumentos contrários ao voto distrital 28
    3.3. O círculo vicioso da pobreza do voto proporcional no Brasil 30
    3.4. Presidencialismo *versus* parlamentarismo 30
    3.5. Pontos principais para a negociação de uma reforma política 32
    3.6. Viabilidade política do projeto 34

4. Ações positivas e negativas dos 13 anos e 4 meses de governos petistas 37
    4.1. Ações corretas e bem realizadas 37
    4.2. Ações corretas a serem aperfeiçoadas 39
    4.3. Ações corretas, mas descontextualizadas 42
    4.4. Ações desastrosas 46

5. Uma proposta de desenvolvimento econômico e social em uma perspectiva mais geral 55
    5.1. Rompendo com o modelo econômico salazarista 55
    5.2. Rompendo com a estrutura regressiva dos impostos 59
    5.3. Desenvolvendo a base econômica do país e sua estrutura 63

6. Garantindo um câmbio para a indústria para (re)dinamizar a base econômica 69
    6.1. Por que uma desvalorização cambial não é sustentável em longo prazo no Brasil? 69
    6.2. As políticas heterodoxas recentes 71

  6.3. A necessidade de um câmbio para a indústria 72
  6.4. Uma proposta de câmbio para a indústria 74

7. Construindo a infraestrutura para sair do círculo vicioso do subdesenvolvimento 77
  7.1. A infraestrutura vem na frente 77
  7.2. Resolvendo o problema das garantias das PPPs a partir de bons projetos de investimentos 80
  7.3. Identificando o tipo de escassez de capital existente no Brasil para a execução de um projeto em grande escala de PPPs 82

8. A previdência complementar, de grande problema a solução para as principais dificuldades econômicas do Brasil 85
  8.1. Esclarecendo uma questão preliminar 85
  8.2. Restabelecendo o conceito de seguro previdenciário 87
  8.3. Propondo uma solução para o problema: a criação das Letras Financeiras para o Desenvolvimento (LFDs) 88
  8.4. A nova previdência complementar incrementando dois segmentos vitais da base econômica: a indústria e a Bolsa de Valores 92
  8.5. Ajudando a resolver a contradição básica de Thomas Piketty 94

9. À guisa de conclusão 97

Apêndice: Sobre "pedaladas fiscais" 99

Referências 119

Introdução | Um novo projeto para o Brasil[1]

Dado o desalento que se abateu nos últimos anos sobre o Partido dos Trabalhadores (PT), o petismo ou, de modo mais amplo, sobre o conjunto do que poderíamos chamar de *campo de esquerda* brasileiro, é que me propus a escrever estas *mal traçadas*. O objetivo é tentar dar maior clareza à seguinte pergunta: o que viria a ser um projeto de esquerda hoje, já transcorridos tantos anos do século XXI? Ou, mais particularmente, o que seria um projeto de esquerda para o Brasil?

Como pano de fundo para essa não breve meditação, tomaria, como exemplo, uma notícia de alguns anos atrás: "O governo Temer vai devolver Furnas para o PMDB de Minas". Isso porque, se nos anos do governo

---

[1] Esse título, além de pretensioso, é uma espécie de homenagem a um escrito por Celso Furtado: **Um projeto para o Brasil**. 3. ed. Rio de Janeiro: Saga, 1968. 132 p. (Imagem do Brasil, 6) nos anos 1960. Na verdade, o objetivo deste conjunto de artigos é constituir unicamente uma agenda de debates, representando um anteprojeto de um projeto. Quanto ao plágio, trata-se efetivamente de uma singela homenagem a esse grande brasileiro, cujas propostas de reforma da sociedade em prol do desenvolvimento econômico e social mostram-se, cerca de 60 anos após as suas primeiras proposições, cada vez mais necessárias e, naquilo que é essencial, atuais.

do presidente Fernando Henrique Cardoso (FHC) Furnas esteve com o Partido da Social Democracia (PSDB) de Minas Gerais, nos anos petistas esteve, por muito tempo, com o Partido do Movimento Democrático Brasileiro (PMDB) do Rio de Janeiro (nas mãos do deputado Eduardo Cunha, especialmente) até que de lá fosse retirada pela presidenta Dilma Rousseff. Esse fato desencadeou, além de várias demissões, como a de Paulo Roberto Costa, então diretor da Petrobras, o início de um longo conflito com o sistema político que veio a desembocar no processo de *impeachment*.

Várias questões fundamentais para um projeto de esquerda para o Brasil estão presentes nesta, aparentemente, prosaica notícia.

Primeiro, no fato de que entregar parte ou toda uma empresa estatal para um esquema político faz parte das regras do jogo, que pode ser sintetizado pelo termo *presidencialismo de coalizão*.

Segundo, atitudes voluntaristas, típicas da esquerda, não são eficazes para debelar esse mal, a exemplo da "limpeza" de Furnas, da Petrobras e de outras empresas e órgãos públicos, o que acabou resultando no *impeachment*.

Terceiro, vê-se agora, muitos anos depois, que o que salvou Furnas da privatização nos anos do governo FHC não foram as forças do Bem que venceram o Mal. Mas sim, em razão das denúncias cada vez mais plausíveis contra o senador mineiro Aécio Neves e o PSDB, deu-se a vitória da proposta de um aparelhamento permanente da estatal, em vez de uma *privataria once for all*, que é sempre a daqueles políticos gulosos, com visão imediatista.

Quarto, ao contrário do discurso das próprias corporações, endossado tanto à esquerda quanto à direita (a exemplo de Aécio Neves, que faz esse discurso tecnicista), os quadros corporativos não constituem antídoto para o aparelhamento permanente, mas sim a sua solução, cujo efeito colateral mais grave é tornar a corrupção sistêmica, como demonstrado pelo caso da Petrobras; afinal, Paulo Roberto Costa, Pedro Barusco, Nestor Cerveró etc. são todos funcionários de carreira. Assim, ao contrário do que dizia equivocadamente o então juiz Sérgio Moro, a corrupção é sistêmica (e não episódica) não exatamente em função do aparelhamento de órgãos e empresas estatais pelo sistema político, mas pela sua "endogeneização" nos quadros corporativos.

Quinto, se o Estado for de fato um instrumento imprescindível para esse projeto de esquerda, ficamos com uma equação de difícil solução: impossível sem o Estado, e terrível com ele, com risco permanente de corrupção e ineficiência sistêmicas.

Sexto e mais importante, se um projeto de esquerda não pode ser caracterizado como de estatização, em antítese à privatização, como ele poderia ser caracterizado?

Para responder à indagação proposta ao longo deste livro, vamos assumir três postulados fundamentais. O primeiro é que qualquer projeto de esquerda procura construir a igualdade entre as pessoas, em todos os sentidos que este termo possa significar. Ou, em outras palavras, e para utilizar um velho refrão, qualquer projeto de esquerda é socialista.[2] O segundo, que constitui uma quase antítese do primeiro, é que a dinâmica de evolução das pessoas, da sociedade e da humanidade de modo geral é desigual, darwinista, implicando que a construção da igualdade (do socialismo) é permanente, uma vez que qualquer construção igualitária tende a ser acompanhada de mudanças que reintroduzem a desigualdade na sociedade. O terceiro é que essa dinâmica darwinista, em que pode prevalecer a lei do mais forte, do mais esperto ou do mais inteligente, é base da evolução da sociedade humana, ou, em termos da era moderna, de seu desenvolvimento econômico e social, sendo, portanto, imprescindível. Assim, o socialismo não é o paraíso idílico e estático idealizado por Marx, mas uma construção permanente, imposta pelas desigualdades trazidas pelo próprio desenvolvimento. E o Estado, mesmo que conduzido com as melhores intenções voluntaristas, acaba sendo vítima, também, dessa dualidade contraditória, uma vez que constitui sempre o instrumento básico para a construção da igualdade, bem como para a viabilização do desenvolvimento, que contém os germes da desigualdade.

A dificuldade de se construir uma agenda de esquerda pode ser facilmente compreendida se admitirmos os três postulados acima e

---

[2] Discordamos inteiramente do discurso do "fim da história" e do fim do sentido político da dualidade esquerda/direita, como procuraremos sugerir ao longo deste livro.

abandonarmos alguns mitos simplificadores – solucionadores – como o do ativismo estatal. Não há um paraíso a ser alcançado, mesmo que mitigado em etapas. Há, sim, uma construção permanente, baseada em metas mutáveis ao longo do tempo.

Na sequência, apresentamos reflexões acerca de temas cujo objetivo principal consiste em estabelecer os contornos de um projeto socialista para o Brasil e que abordam os seguintes tópicos: no primeiro capítulo é apresentada uma breve descrição de como essas questões delineadas acima apareceram na discussão da esquerda nos séculos XIX e XX. Atenção especial é dada à questão do Estado, de como um problema decisivo e complexo, sintetizado pela equação (impossível sem ele e terrível com ele) foi decididamente negligenciado pelo pensamento de esquerda em todos os seus matizes; no segundo e terceiro capítulos as discussões desembarcam no Brasil e tentam alinhavar o que seria um projeto de reforma política de esquerda defensável e negociável com as demais forças políticas; nos capítulos subsequentes são tratadas as questões econômicas básicas que envolveriam um projeto socialista no Brasil.[3]

Adiantando já a principal conclusão, para poupar alguns muito à esquerda ou à direita, que poderiam assim evitar a perda de tempo com a leitura destas *mal traçadas* que se sucederão, diria, parafraseando um velho jargão, que *fora da social-democracia não há salvação*, isto é, o projeto socialista é inevitavelmente social-democrata, no sentido histórico do termo. A despeito de apropriações indevidas (no Brasil, os casos mais notórios são o antigo Partido Social Democrata (PSD), extinto em 1964, e o atual PSDB), ele sintetiza e facilita a construção de uma agenda, sem perda de tempo com mitos dos séculos XIX e XX. E essa agenda não é trivial, mesmo no padrão dos países desenvolvidos, dificuldade que é ampliada para um país complexo e subdesenvolvido como o Brasil.

---

3 Em síntese, um projeto socialista teria de contemplar, de forma consistente, dois tipos de problemas: i) como implementar políticas sociais com redistribuição de renda; ii) como conjugar isso ao necessário desenvolvimento econômico? Deve-se lembrar que, em pleno *boom* das commodities, no primeiro governo Lula, acreditava-se que a política de redistribuição de renda levaria por si só ao desenvolvimento econômico, o que não passa de uma rematada tolice.

1 Estado, reforma, revolução e socialismo no pensamento clássico da esquerda

A dinâmica da sociedade – qualquer sociedade – é darwinista, tendendo a predominar a lei dos mais fortes (ou dos mais espertos, ou dos mais inteligentes). Isso fez com que, ao longo dos tempos, surgisse o Estado como forma de estabilizar as relações entre as pessoas: consolidando interesses e privilégios ou atenuando-os, ou mitigando-os, e evitando que uma guerra permanente entre os indivíduos se tornasse inevitável. Assim, uma pergunta básica: não era de se esperar que a formulação de uma agenda socialista deveria ter como eixo central a concepção de um novo Estado? E que esse Estado, nas suas ações para conciliar a construção da igualdade, com o necessário desenvolvimentismo da sociedade, teria um grau de dificuldade a mais e não a menos?

A resposta para essa indagação, que deveria ser um claro e inescapável *sim*, historicamente tem sido um decepcionante *não*.[4] Não faltaram estudos sobre a natureza do Estado, seu funcionamento e funcionalidade

---

[4] Seja nos primórdios do pensamento socialista do século XIX (especialmente Marx), seja nos debates da esquerda que antecederam a Revolução Russa, seja durante todo o período soviético, seja após a derrocada da União Soviética, no início dos anos 90 do século passado.

na sociedade capitalista, os conflitos de interesses entre o *status quo* e segmentos burgueses emergentes, o surgimento da classe média e seu papel na sociedade capitalista, e assim por diante. Mesmo com o colapso da União Soviética, pouco se elaborou sobre a forma de organização do Estado e sua dinâmica nesse tipo de sociedade. Uma vez que havia ali um superestatismo, as análises sobre o fim da URSS têm uma narrativa simples e superficial à direita, com pouca elaboração proveniente da esquerda. E, como sempre, quase nada foi elaborado sobre o Estado a ser construído, de um ponto de vista socialista, no contexto do Estado burguês que aí está.

As razões para essa grave lacuna podem ser complexas, com explicações inclusive antropológicas. Afinal de contas, pensar que o paraíso, um arquétipo presente na maioria das religiões, não existe e que o Estado não passa de um instrumento de construção de uma agenda, sempre em mutação, acaba sendo frustrante, não incentivando maiores elaborações. No entanto, preferimos nos conter a uma explicação teórica, que estaria na força filosófica da concepção socialista de Marx, indiscutivelmente a matriz de referência principal, ainda hoje, do pensamento de esquerda. Para entender isso, vamos recapitular um debate entre Rosa de Luxemburgo, Karl Kautsky e Eduard Bernstein, no contexto do Partido Social Democrata Alemão, no início do século passado.[5]

1.1. Reforma ou revolução?

No final do século XIX e início do século XX, travou-se um importante e emblemático debate no seio do Partido Social Democrata Alemão, até então o mais importante do Ocidente. À esquerda, Rosa de Luxemburgo dizia que o capitalismo, em sua etapa imperialista, estava em fase final, com crises econômicas recorrentes, sendo a grande guerra que se avizinhava o momento derradeiro da dissolução do Estado burguês e da revolução socialista. Lenin (2010; 2012), com análise econômica

---
[5] Uma análise crítica deste debate, bem como a publicação na íntegra dos ensaios desses três ideólogos e líderes da Social-Democracia Alemã, sintetizando suas posições, está em MILLS, C. Wright. *The marxists*. S. l.: Pelican Book, s. d. 460 p.

ligeiramente diferente, chegava a conclusões bastante semelhantes, com apenas uma diferença: a revolução socialista não viria automaticamente, seria necessário um partido que a viabilizasse, vale dizer, uma máquina burocrática, centralizada, que pudesse tomar o Estado em suas mãos.

No centro, Karl Kautsky dizia que, não agora, mas no futuro, na fase do superimperialismo, o capitalismo acabaria por ter a sua derrocada, e o socialismo viria naturalmente, sem traumas e, sobretudo, sem a necessidade de uma revolução. No bom português, a expressão "parlapatão", ou, no modo coloquial brasileiro, um "rolando lero", seria o adjetivo mais apropriado a ser dado a Kautsky, e não renegado, termo atribuído por Lenin.

À direita, Eduard Bernstein defendia uma posição explicitamente reformista, ponderando que o socialismo seria uma construção paulatina de conquistas para os trabalhadores, por dentro do Estado burguês. Politicamente moderados, os argumentos de Bernstein em prol da reforma não são nada triviais. Resumidamente, ele fez uma análise aprofundada da evolução econômica alemã na segunda metade do século XIX, utilizando, inclusive, censos demográficos e econômicos, concluindo que os postulados de Marx sobre a evolução da estrutura social, sob o capitalismo, não estavam se verificando, tendo ocorrido, na prática, uma evolução em direção distinta e, por vezes, contraditória com aquilo proposto.

Basicamente, Marx acreditava inequivocamente na tendência à proletarização crescente da sociedade capitalista. No futuro, as classes intermediárias iriam vanescer, cristalizando-se cada vez mais uma grande massa de proletários e alguns poucos grandes capitalistas. Nessa previsão, as classes intermediárias iriam aos poucos e inevitavelmente desaparecer, tanto os pequenos empresários e pequenos agricultores como as diversas funções qualificadas e especializadas.

Diferentemente disso, Bernstein constatou que, a despeito da supressão de diversos ofícios artesanais, substituídos pela primeira (e segunda) revolução industrial, e da crescente concentração industrial, a economia capitalista vinha criando novas qualificações, ao lado de novos ramos e cadeias produtivas, inclusive serviços, fazendo com que o número líquido de novas qualificações e empresas aumentasse significativamente. A pequena empresa, por exemplo, ao invés de ser um fator em extinção, parecia ser um fenômeno em expansão, não apenas em ramos e sub-ramos de serviços, mas mesmo por dentro das cadeias produtivas. Mais que isso, a evolução econômica e a estrutura social correspondente estavam se tornando mais diversas e complexas, não corroborando a profecia de Marx de uma sociedade crescentemente dual.

Acrescenta-se, ainda, a essa análise de Bernstein, que naquelas sociedades, regiões ou países com baixo crescimento sistêmico, ou mesmo em toda a economia capitalista mundial em períodos de crise mais prolongados, a tendência à dualidade ficava à vista, não exatamente na direção preconizada por Marx, de uma crescente proletarização, mas da formação de uma crescente marginalização, por vezes de populações inteiras.

Assim, o Estado no socialismo, que, na visão de Marx, seria cada vez mais simples, com tendência ao desaparecimento, tem, na verdade, uma tarefa quase impossível, ou seja, regular e administrar crescente número de especializações e empresas, ao lado, por vezes, da tarefa de dar dinâmica e desenvolvimento a países ou regiões marginalizadas. A solução para tais dilemas e problemas, segundo Bernstein, é a reforma, aos poucos e por etapas, da sociedade e do Estado burguês, com uma agenda sempre em mutação, ao invés da solução revolucionária.

O problema, no caso, não é a revolução em si, já que, por vezes, resulta de traumas e convulsões inevitáveis, mas responder à pergunta: revolução para quê? Para uma estatização completa da sociedade? Como administrar, ou mesmo regular, no contexto de um superestatismo, uma sociedade cuja dinâmica é essencialmente diversa e desigual?

Em resumo, caminhando em direção oposta à de Marx, dir-se-ia que a necessidade crescente do Estado, sob o capitalismo e o que possa vir depois dele, impõe que uma agenda permanente para sua reforma e aprimoramento seja a tarefa essencial de uma plataforma verdadeiramente socialista. Sua democratização, centrada na transparência, na eficácia e na eficiência, deveria constituir o objetivo permanente de uma plataforma de esquerda, em busca incessante da igualdade e do desenvolvimento do conjunto da sociedade. No fundo, essa é uma tarefa muito complexa, que nunca deve sucumbir aos mitos, simplificações ou simples fugas da realidade. Construir permanentemente a igualdade e o desenvolvimento, onde o "o quê?" tem de ser precedido pelo "como?" via Estado? Por suposto, mas com o máximo de transparência, eficácia e eficiência. Há atalhos para essa longa, permanente e interminável tarefa?

1.2. Um suposto atalho: nem Rosa, nem Kautsky, nem Bernstein, e sim Lenin e Stalin

Fazer a revolução, como propunha Rosa, ou mesmo Trotsky em sua fase menchevique[6], sem um mecanismo para tomar o Estado em suas mãos, é quimera quixotesca, como apontara Lenin, em 1902, no famoso congresso da Social Democracia Russa que deu origem ao termo bolchevique (maioria), que apoiou Lenin e menchevique (minoria). Era necessário um Partido da Revolução, uma máquina burocrática centralizada e disciplinada que viabilizasse não apenas o golpe de estado, mas que exercesse o poder na forma de uma ditadura (do proletariado, um complemento nominal fantasioso, que não mitigaria as consequências terríveis de uma ditadura).

No início dos anos 1920, feita a revolução e superada a fase da guerra civil, Lenin e o Partido Bolchevique encontravam-se num dilema atroz: manter o pequeno e médio empreendimento privado (em especial, na agricultura) trabalhando em sintonia com grandes empresas estatizadas, avançando-se novamente em direção a uma sociedade plural e diversificada[7], ou, seguindo a proposta de Trotsky, partir para uma coletivização – estatização – completa das atividades econômicas, buscando uma industrialização rápida e forçada? Com a morte precoce de Lenin, em

---

[6] DEUSTSCHER, Isaac. *Trotsky: o profeta desarmado*, 1921-1929. Rio de Janeiro: Civilização Brasileira, 2005. 570 p.
[7] Em síntese, essa era a característica que vinha sendo tomada pela *Nova Política Econômica* (NEP), adotada em substituição ao "comunismo de guerra".

1924, como se sabe hoje, a proposta de Trotsky foi adotada[8], embora viabilizada (sem Trotsky e com Stalin) por uma nova fase da ditadura então instalada, alcançando-se um terror totalitário sem precedentes.

Tirando-se as ineficiências do sistema stalinista, como a destruição da então portentosa agropecuária russa e ucraniana e o assassinato de milhões, por que, de certo modo, a industrialização forçada funcionou? Lembremos, por exemplo, que foi essa indústria pesada soviética, ao lado da economia americana, que venceram, economicamente, a Segunda Guerra Mundial. E por que, mesmo após a segunda guerra mundial, a ruína do sistema stalinista só veio a acontecer no final dos anos 80 do século passado?

Indo direto ao ponto, com o risco de simplificação indevida de uma questão tão complexa, diríamos que as ineficiências da superestatização stalinista eram resolvidas politicamente pela ação permanente do Estado totalitário, e compensadas economicamente pela predominância do sistema de produção fordista na estrutura da economia mundial. Assim, grandes empresas estatais fordistas tendiam a absorver as ineficiências provocadas pela ausência das pequenas e médias empresas nas cadeias produtivas e grandes aglomerações industriais. Entretanto, com o início da era da informação[9], no início dos anos 1980, com a tecnologia flexível e a decadência da grande empresa fordista, o sistema stalinista ruiu, inviabilizando aquilo que foi um grande equívoco histórico e que poderia ter sido evitado, mesmo depois, mas ainda nos primórdios da revolução russa.

Para a esquerda, as lições de todos esses eventos, contendas e debates deveriam ser *não há solução simples, especialmente quando se sustenta em mitos, já que o problema é complexo, e se resume no equacionamento do dilema: a construção permanente do socialismo é impossível sem o Estado e terrível (quase impossível) com ele.*

---
[8] Ver mais sobre o tema em Deutscher, Isaac. "O profeta desarmado, 1921-1929. Rio de Janeiro: Civilização Brasileira, 2005 e Deutscher, Isaac. "A Revolução Inacabada: Rússia 1917-1967". Rio de Janeiro: Civilização Brasileira, 1968.
[9] Quando as grandes corporações tendem a ser empresas de intangíveis, articuladas e inseridas em aglomerações diversificadas, formadas por micro, pequenas e médias empresas.

2 | Do presidencialismo de coalizão ao parlamentarismo da exclusão (ou o pesadelo dos 300 picaretas no Congresso, segundo Lula nos anos 1990, até o dia da noite de horrores – 17/4/2016)

2.1. O *impeachment* para além da questão conjuntural: a instabilidade estrutural

Começando por uma pergunta singela: por que a presidenta Dilma Rousseff caiu? Uma resposta genérica diria que foi uma conjugação das forças de direita no PIG[10], no sistema financeiro, no Judiciário e no Congresso, que se aproveitou de uma conjuntura econômica desfavorável, para viabilizar um golpe de Estado. Embora verdadeiros, esses pontos não compõem uma explicação mais geral que poderia conter estas e outras questões que formam a complexa e difícil conjuntura brasileira. Assim, preferiríamos dizer que a presidenta Dilma caiu porque capitaneava um governo de esquerda, baseado numa agenda pouco clara, confusa, inconsistente política e economicamente. Claro que houve uma contribuição direta dela, algumas paradoxalmente positivas, para

---
[10] Termo cunhado para exprimir Partido da Imprensa Golpista.

o aprofundamento da crise, mas que constituem aspectos secundários quando se observa o panorama mais amplo.

Alguém diria: o presidente Lula não caiu com agenda idêntica. Só que, nesse caso, ele foi muito beneficiado pela conjuntura internacional (*boom* das commodities) e até por São Pedro, que fez chover e encher os reservatórios, evitando um choque tarifário relativo à energia elétrica. Mesmo assim, ele quase caiu. Ademais, em nome da governabilidade, muitas pontas soltas foram deixadas, seja na agenda econômica, seja na política, que vieram cobrar sua fatura no governo Dilma. De um modo mais geral ainda, diríamos que o sistema político brasileiro, seja o que existiu de 1946 a 1964, seja o atual, bastante semelhante ao anterior, cuja melhor denominação é o termo presidencialismo de coalizão, é estruturalmente instável, inviabilizando não apenas governos à esquerda (Getúlio Vargas, João Goulart e os petistas recentes), mas até mesmo governos populistas de direita (Jânio Quadros e Fernando Collor). Mesmo Juscelino Kubitschek (JK), conduzindo um governo centrista e desenvolvimentista, quase não tomou posse e passou por risco de golpe em mais de um momento de seu governo. E o período do governo FHC, aparentemente estável, passou por turbulências diversas, quebra de regras com características golpistas (como o escândalo da aprovação da reeleição em proveito próprio), além da má gestão fiscal e econômica, e do aparelhamento de praticamente todos os órgãos estatais, sob a égide do presidencialismo de coalizão.

2.2. O voto proporcional e a rede de cabos eleitorais

O problema reside fundamentalmente na forma em que se estrutura o sistema político brasileiro, seja no período de 1946 a 1964, seja no período pós-democratização, a partir da Constituinte de 1988. A dificuldade central está no sistema de escolha dos representantes da mais importante casa do Congresso Nacional: a Câmara dos Deputados. Caracterizado pelo voto proporcional, no qual os candidatos mais votados dentro de cada estado são eleitos, o sistema presta-se a grandes distorções, entre elas o voto *cacareco*, no qual um nome mais conhecido (o Enéas ou o Tiririca, por exemplo) puxa a votação de inúmeros desconhecidos. Mas a principal delas reside no fato de que, desprovido de características plebiscitárias e falta de transparência, o esquema dos cabos eleitorais é decisivo para a captura dos votos. Antes de 1970, esse sistema era dominado pelos coronéis, tal como descrito por Victor Nunes Leal em *Coronelismo, enxada e voto*.[11] Com a urbanização, os antigos cabos eleitorais foram substituídos por cabos eleitorais urbanos, com o mandonismo sendo substituído por pequenos favores ou promessas, muitas vezes, no caso do cabo eleitoral, travestidas de religião, feitas "em nome de Deus". Assim, o candidato que articula o esquema mais eficiente de cabos eleitorais, com menos custos e mais votos, possuindo, assim, um intangível, é eleito, ao lado, é claro, daqueles mais conhecidos do eleitorado, que podem, parcial ou totalmente, prescindir desse tipo de estrutura. Cria-se, assim, uma virtual assimetria entre o Executivo, eleito diretamente pelo voto popular, e a Câmara dos Deputados, eleita por um sistema difuso e obscuro.

A referida estrutura aparece de forma mais nítida, pela primeira vez, na eleição de Getúlio Vargas, em 1950, quando um candidato a presidente muito popular galvanizou os votos dos próprios cabos eleitorais, elegendo o presidente com viés popular ao lado de um congresso obscuro e conservador. Esse fenômeno, no Brasil urbano dos anos 2000, repetiu-se agora com Lula e o PT galvanizando os votos populares, em completa contradição com a Câmara dos Deputados, dominada pelos mais de 300 picaretas. A base desse esquema, na sua versão urbana dos anos recentes, é a compra de votos, não diretamente do eleitor, mas via cabos eleitorais. Estima-se, por exemplo, que a eleição de um deputado federal no Rio de Janeiro, em 2014, teria custado, em média, R$ 10 milhões. Assim, se o investimento custou esse montante, e o retorno legal com salários e subsídios diversos, alguns virtualmente ilegais ou no limite da legalidade, dificilmente passaria de R$ 3 milhões em 4 anos, haveria claramente um problema de realização do investimento, não apenas para repor, mas para produzir um lucro compatível com o capital empregado. A forma de recuperação do investimento passa por vários expedientes, que vão dos quase saudáveis, como o *lobby* simples, o *lobby* selvagem, com achaque, no estilo do deputado Eduardo Cunha (PMDB/RJ), o esquema das

---

[11] LEAL, Victor Nunes. *Coronelismo, enxada e voto*. São Paulo: Revista Forense, 1948. 308 p.

emendas parlamentares, que vão de algumas razoavelmente saudáveis até a corrupção desenfreada, e chegando ao controle de ministérios e empresas estatais, o que se torna preocupante, porque tende a afetar, estruturalmente, a própria eficiência e eficácia do Estado.

2.3. Os avisos de que o câncer poderia tomar conta do organismo

Esse é um problema gravíssimo para qualquer presidente eleito, seja José Sarney, na transição, Collor, Itamar Franco, FHC, Lula e Dilma. O governo de Michel Temer (PMDB) não conta, porque sintetiza a tomada do poder por esse sistema viciado, em que o *câncer* finalmente toma conta do organismo. Especialmente nos anos petistas, o problema não foi enfrentado; ao contrário, foi agravado pela contribuição de muitos, como o Supremo Tribunal Federal (STF), que legislou favoravelmente à criação de novos partidos, e a omissão e procrastinação de todos eventualmente interessados na evolução do sistema político brasileiro.[12] No entanto, os avisos de que esse sistema poderia inviabilizar ou mesmo derrubar um governo de esquerda foram dados desde o início.

Para começar, houve, desde logo, na formação do governo do presidente Lula, no final de 2002, uma clara contradição entre os propósitos e equipes definidas para os ministérios e estatais e a necessidade de formação de maioria parlamentar que assegurasse a governabilidade. Para ficar apenas num exemplo emblemático, o Ministério de Minas e Energia seria entregue ao PMDB, que entraria no governo, apesar de ter composto a chapa do PSDB, derrotada nas eleições presidenciais. O presidente Lula preferiu nomear Dilma Rousseff, o que foi crucial para se evitar um novo apagão, isto é, racionamento de energia, nos anos que se seguiram. Entretanto, essa, como outras decisões, que buscavam viabilizar o programa do governo eleito, levaram a uma crise imediata de governabilidade. Nessas condições, o então ministro-chefe da Casa Civil, José Dirceu, teve de improvisar, montando uma maioria

---

[12] Que fique claro que a proliferação de partidos constitui um agravamento deste sistema viciado, e não a sua causa.

parlamentar provisória, com partidos médios e pequenos, e possivelmente envolvendo, como contrapartida, o pagamento de dívidas de campanha, ao lado da entrega de um número relativamente pequeno de cargos no Executivo.

O segundo aviso ocorreu quando esse improviso apresentou problemas diversos, findando na crise do mensalão. Embora esse nunca tenha sido provado,[13] o fato determinou um padrão de procedimentos que se estenderia para todo o ciclo petista. Ao ter seu preposto flagrado roubando, o deputado Roberto Jefferson (PTB/RJ) utilizou a manjada tática "pega ladrão", com todos se voltando para o PT. O mesmo se verificou na operação Lava Jato, com Paulo Roberto Costa e, mais tarde, com Eduardo Cunha, no episódio que culminou com o *impeachment* da presidenta Dilma. Ou seja, mesmo que o ciclo petista tenha sido um dos que tiveram menor grau de corrupção da história do Brasil, sendo o período militar o seu auge, está se vendendo e divulgando como o de maior grau.

O terceiro aviso consistiu no custo da concessão de fatias do poder para a repactuação política que se sucedeu ao mensalão. Vários ministérios e nacos de empresas importantes, como a Eletrobras e a Petrobras, foram entregues aos novos aliados na repactuação política. O caso mais conhecido, pelas suas consequências, foi o da nomeação de Paulo Roberto Costa, nome indicado pelo PP e pelo PMDB, como diretor da Petrobras. Funcionário de carreira de empresa e diretor de Petróleo e Gás no governo FHC, estava no limbo desde 2003, à espera de uma nova oportunidade, que, afinal, surgiu. Neste caso, dada a sua amplitude, o custo não apenas se expressou no aumento da ineficiência do Estado, mas também no alto risco político e econômico de que, pego roubando, o operador e seu padrinho disparariam uma nova tática "pega ladrão" que poderia implodir o governo.

O quarto aviso veio na forma de julgamento do próprio mensalão, a publicidade, o uso político sem disfarces, sem falar no casuísmo jurídico e desfaçatez de escrúpulos, em que, para um mesmo peso, foram criadas várias medidas. E o espetáculo foi montado sem participação relevante do Ministério Público (MP) e da Polícia

---

[13] Também não foi provada a utilização de recursos públicos do BB, havendo apenas indícios fortes de caixa dois.

Federal (PF), instituições que adquiriram relevo a partir da Lava Jato, apenas contando com a tabelinha PIG/STF.[14]

O quinto aviso veio a partir da tentativa de formação do governo Dilma em 2011. Com alguns operadores sendo pegos com a boca na botija, não adiantou muito a presidenta afirmar que não pactuava com o malfeito. E nem mesmo demitir personagens como Paulo Roberto Costa ou prepostos de Eduardo Cunha em Furnas: o que era passado para a população era a imagem de um governo de corruptos, ao mesmo tempo em que a base parlamentar do governo ia se dissolvendo. As manifestações populares que se sucederam, à esquerda e à direita, em 2013, abriram uma espécie de espaço para a discussão da reforma política. A falta de um projeto, que incorporasse os pontos mais relevantes que poderiam levar a um relativo consenso das forças políticas, inviabilizou e levou a oportunidade perdida.

O sexto aviso veio com o início da Lava Jato, nos primeiros meses de 2014. Seu objetivo (letal) seria inviabilizar a reeleição de Dilma, possivelmente sem propósitos maiores, tal como alardeado atualmente. E o milagre aconteceu: a maioria do povo não deixou que o golpe do Judiciário, midiático e da direita se viabilizasse eleitoralmente, reelegendo a presidenta.

Com isso, veio o sétimo e último aviso: a transformação da Lava Jato e outras operações similares num formato permanente para inviabilizar estruturalmente, a qualquer custo, inclusive econômico, o governo agora deposto e futuros que abriguem motivações populares. Isso ocorreu logo depois das eleições, e a resposta, por parte do governo reeleito, foi tacanha, já que estava desprovido de um projeto político e econômico minimamente sólido e consistente, ao lado de erros táticos elementares na formação e condução do ministério. E aí, sem uma estratégia política e econômica, ou sequer uma tática razoável, o golpe finalmente se materializou, deixando uma economia em ruínas, as instituições democráticas seriamente abaladas e uma esquerda desunida e desalentada, talvez à procura de um projeto.

---

14 Com os "esforços" feitos ainda no período Lula, mas, sobretudo no período Dilma, passaríamos a ter um tripé letal – STF, MP e PF – inviabilizando o Estado de Direito no Brasil.

3 A reforma política

3.1. Voto proporcional *versus* voto distrital

Uma pergunta singela: em quais países do mundo, de porte médio ou grande, estáveis e democráticos, prevalece o sistema proporcional na formação da Câmara Baixa (Câmara dos Deputados)? Se considerarmos que Itália e Espanha são países democráticos, mas instáveis, a resposta seria: *nenhum*. Nos grandes países da Europa, Estados Unidos, Canadá, Austrália e Japão predominam o sistema distrital ou distrital misto, em que parte da Câmara Baixa é formada pelo critério proporcional. Nos países pequenos da Europa, como a Suécia, funciona muito bem o sistema proporcional, embora com importantes mitigadores, como a cláusula de barreira duplamente aplicada, em nível nacional e sub-regional.

Tratado no Brasil com indisfarçável preconceito, o voto distrital, a despeito de seus inúmeros defeitos, tem uma qualidade essencial: é explicitamente plebiscitário, transparente, em que se opta por um nome e partido em oposição a outros nomes e partidos. Há de forma clara uma escolha do eleitor, boa ou ruim, não importa, caracterizando o fato essencial da democracia. Mesmo Marx, em sua proposta radical de sistema eleitoral do parlamento (o *Soviet*), caracterizava-o como essencialmente distrital, já que o controle político do deputado eleito deveria (na prática só poderia sê-lo) ter como referência uma determinada base territorial. A qualquer momento, a assembleia distrital poderia convocar, orientar, corrigir ou mesmo demitir seu representante.

3.2. Argumentos contrários ao voto distrital

Na verdade, são pelo menos três os principais argumentos levantados pelos cientistas políticos contra o sistema distrital.

O primeiro refere-se ao caráter arbitrário do corte territorial para a formação de cada distrito, o que poderia favorecer a sub-representação de algumas regiões em relação a outras, adquirindo contorno conservador, ao dar maior peso relativo a áreas atrasadas de população rarefeita em detrimento das grandes aglomerações urbanas. Ou seja, tal como aplicado no Reino Unido, no século XIX, uma área tipicamente rural e com população rarefeita tinha o mesmo peso, elegendo um deputado, do que uma área tipicamente urbana, com população, por exemplo, duas ou três vezes maior. Esse argumento, válido para o Reino Unido no século XIX, não faz mais sentido na divisão territorial da maioria dos países com sistema distrital. E no Brasil, não mexendo no pacto federativo, que limita o número de deputados do maior estado da Federação (São Paulo) e fixa um número mínimo para os menores, a distribuição dos distritos entre e dentro dos estados deveria ser um assunto do Instituto Brasileiro de Geografia e Estatística (IBGE), que alteraria de tempos em tempos a base territorial dos distritos, seguindo a dinâmica populacional.

O segundo argumento refere-se ao caráter paroquial do sistema distrital, o que induziria o deputado distrital a ficar prisioneiro dos assuntos da paróquia em detrimento daqueles de interesse geral do país.

Na realidade, não existe nada de mais saudável do que um deputado defender os interesses paroquiais de seu distrito, diferentemente do sistema atual em que um deputado proporcional até utiliza a referência à paróquia para justificar emendas parlamentares esdrúxulas, com objetivos inconfessáveis, já que não possui formal e politicamente uma base territorial de referência à qual deve prestar contas. Além do mais, no sistema distrital, podem muito bem conviver temas paroquiais com outros nacionais, a exemplo da reforma da Previdência, dos direitos trabalhistas ou do sistema tributário. E a população, ao contrário do sistema atual, terá muito maior probabilidade de saber como se posiciona, nessas questões, *a priori* e *a posteriori*, o seu deputado distrital.

A terceira objeção a esse sistema é de fato muito relevante: o sistema distrital, especialmente quando temos por referência os casos típicos dos Estados Unidos e do Reino Unido, tende a convergir para o afunilamento do leque partidário, inclinando-se ao bipartidarismo, com o virtual engessamento das opções políticas para o eleitorado. Entretanto, há saídas já testadas para esse problema, como ilustram os casos alemão e francês: o primeiro optando pelo sistema misto, com metade dos deputados eleitos nos distritos e a outra metade escolhida proporcionalmente (por lista) a partir da votação distrital; o segundo, ao optar pelo distrital puro, embora com votação em dois turnos, na hipótese de o candidato mais votado não conseguir maioria absoluta (50% + 1) dos votos.

Assim, todos os eventuais defeitos do sistema distrital são superáveis, o mesmo não se podendo dizer do sistema proporcional, cuja aptidão é de ser estruturalmente deficiente. Na medida em que o tamanho e as disparidades regionais do país aumentam, torna-se mais difícil mitigar essas falhas, ao passo que no sistema distrital suas qualidades ficam mais visíveis. É pouco dizer que o sistema proporcional, com as mitigações apropriadas, funciona bem na Suécia ou Holanda, ao passo que significa muito afirmar que um país muito pobre, imenso e com grandes disparidades étnicas e regionais, como a Índia, possui estabilidade política e funciona bem com seu sistema distrital.

3.3. O círculo vicioso da pobreza do voto proporcional no Brasil

Aí vem outra pergunta singela: por que uma questão tão polêmica nem sequer foi discutida nas duas constituintes democraticamente eleitas instaladas no Brasil no século passado, a de 1946 e a de 1988? Uma resposta mais geral diria que a cultura brasileira tem uma orientação estrutural a preservar as coisas que não funcionam, tal como analisado por Sérgio Buarque de Holanda – o brasileiro cordial – em seu *Raízes do Brasil*.[15] Mais precisamente, diríamos que o defeito congênito dessas constituintes é que não foram convocadas como exclusivas, estabelecendo-se, por exemplo, para os parlamentares uma quarentena de alguns anos para participar novamente da atividade política.

Produziu-se, assim, o círculo vicioso: os deputados, escolhidos pelo sistema proporcional, trataram como um consenso cordial o sistema que os elegeu, espelhado de forma inquestionável nas regras eleitorais definitivas. O deputado constituinte, possuidor de um intangível responsável por sua eleição, o sistema de cabos eleitorais, reproduziu, não apenas referendando o seu próprio mandato, mas perpetuando as regras eleitorais que o favoreciam, tanto em 1946 quanto em 1988. Isso abriu espaço para outro mito: o do consenso nacional a favor do presidencialismo em oposição ao parlamentarismo.

3.4. Presidencialismo *versus* parlamentarismo

Em 1961, o Congresso Nacional, respaldado pelo PIG daquela época e pelos militares, atropelou a Constituição e criou um sistema parlamentarista, para que fosse absorvida a posse, como presidente da República, do vice-presidente eleito João Goulart, em substituição ao renunciado Jânio Quadros. Com isso, o plebiscito de 1962 entre parlamentarismo e presidencialismo só poderia resultar na derrota acachapante do primeiro, já que a população interpretou-o, corretamente, como sinônimo de golpe.

---

15 HOLANDA, Sérgio Buarque de. *Raízes do Brasil*. 26. ed. São Paulo: Companhia das Letras, 1996. 220 p.

Em 1993, novamente, conforme definido pela Constituinte de 1988, houve um novo plebiscito para a definição entre parlamentarismo e presidencialismo, com a vitória esmagadora (2/3) deste último. Daí a conclusão de que essa é uma questão superada, dada a rejeição do povo brasileiro ao parlamentarismo já manifestada de forma contundente em dois plebiscitos. E não faltaram alguns, recentemente, como o senador Renan Calheiros (PMDB/AL), que voltaram a lembrar do parlamentarismo, amputando o mandato legítimo da presidenta Dilma Rousseff (PT).

Entretanto, pode-se afirmar que a efetiva rejeição, seja em 1962, seja em 1993, foi ao parlamento de *carne e osso* que ali existia nos dois períodos. Dadas e estabelecidas as regras atuais de eleição do parlamento, a discussão parlamentarismo × presidencialismo está irremediavelmente comprometida. Para ficar no período mais recente, a Constituinte de 1988, ao se propor a ouvir a população, o que incluiu até mesmo a bizarra consulta sobre a volta da monarquia, deveria fazê-lo de forma completa, não podendo fatiar a discussão do parlamentarismo da discussão da forma de escolha do próprio parlamento. Criou-se, assim, mais uma unanimidade cordial, o mito da rejeição do povo brasileiro ao sistema parlamentarista, que vem pagando o pato da verdadeira rejeição dos brasileiros: o parlamento, seja aquele que existia até 1964, e docemente respaldou o golpe militar, seja o atual e seus, no mínimo, 300 picaretas.

Na verdade, o parlamentarismo, que esteve sempre presente no projeto socialista, seja aquele mais utópico e radical idealizado por Marx, seja aquele cristalizado na social-democracia europeia, que veio sendo construído ao longo dos séculos XIX e XX, é a forma mais avançada de governo. O presidencialismo, ao contrário, que possui implicitamente um caráter autoritário e majestático, só é justificável por razões históricas, como é o caso dos Estados Unidos. Ali, a revolução estava a derrubar um rei (da Inglaterra), substituindo-o por um presidente. Para mitigar o caráter autoritário dessa instituição, o sistema americano criou vários contrapesos, no judiciário e, principalmente, no legislativo, o que, por vezes, adquire caráter disfuncional. Assim, o sistema americano é estruturalmente ruim, embora, com os contrapesos, possa ser considerado um dos "menos ruins" dos presidencialismos que já existiram ou existentes. Tais contrapesos estão sendo testados desde a eleição de Donald Trump para a presidência dos EUA. E, pelo visto, a despeito de atitudes antidemocráticas de seu governo, as instituições americanas estão resistindo razoavelmente a tais ataques, embora, ainda com muitos riscos, como o aparelhamento da Suprema Corte e a desestruturação da própria ordem internacional. Em última instância, o desempenho da economia americana até 2020 será decisivo para as eleições presidenciais e legislativas naquele ano, as quais poderiam encerrar essa experiência de extrema direita presidencialista nos Estados Unidos. No mais, constituem um claro exemplo de não funcionalidade – e irreversibilidade dos danos – do sistema presidencialista.

3.5. Pontos principais para a negociação de uma reforma política

Desde a consolidação do golpe, com a aprovação do *impeachment* pelo Senado em agosto, ganhou força, no campo de esquerda, a ideia das eleições diretas já para a Presidência da República, além de surgirem os nomes desse campo como candidatos a presidente, como o próprio Lula (PT/SP), Ciro Gomes (PDT/CE), Roberto Requião (PMDB/PR), entre outros. Embora simpáticas, tais ideias e candidaturas são equivocadas na medida em que ignoram, ou abstraem, os problemas estruturais do sistema político brasileiro, agora materializados numa grave crise institucional. O Brasil não precisa de salvadores da pátria, mas de ideias e de projetos para uma reforma política consistente e, subsequentemente, projetos para o desenvolvimento econômico e social do país.

Nesse sentido, a palavra de ordem imediata é a de uma *Constituinte exclusiva já*, cuja agenda seria a reforma política, e o papel exato de cada um dos poderes da República: o Executivo, o Legislativo, o Judiciário e os órgãos de controle: o Ministério Público (MP) e o Tribunal de Contas da União (TCU). O Congresso Nacional, neste caso, continuaria funcionando normal e paralelamente. Concluída a reforma, a Constituinte seria dissolvida, e o deputado constituinte estaria inelegível, como parlamentar, por dez anos.

O segundo ponto é que a Constituinte exclusiva não deve ser proposta vazia, mas com um projeto de reforma de consenso entre as principais forças políticas democráticas da esquerda e da direita. *A priori*, isto é, no próprio processo eleitoral da Constituinte, e *a posteriori*, no trabalho de definição da própria reforma, as forças participantes do consenso democrático defenderiam os pontos comuns do projeto.

O terceiro ponto, já no contexto do projeto, fixaria o sistema eleitoral misto, a parcela proporcional definida em lista, a previsão de segundo turno (na hipótese de o candidato mais votado não obter 50% + 1), e o financiamento público da campanha como pontos básicos para uma mudança estrutural da Câmara dos Deputados.

O quarto ponto faria pequenos ajustes nas funções da Câmara dos Deputados e do Senado Federal. De modo geral, este último não entraria na reforma, mas, em função do *upgrade* de qualidade pelo qual a Câmara passaria, seria necessário evitar superposição de poderes e de funções, cabendo ao Senado exclusivamente questões institucionais, e menos o papel de casa revisora, como é hoje. A Constituinte trataria também da anomalia que perpassa a atual crise institucional, repondo com regras claras o papel do Judiciário e de instituições atualmente anômalas, como o MP.

O quinto e decisivo ponto, como elemento central do projeto de consenso, a definição do parlamentarismo como sistema de governo, a ser votado e decidido pela própria Constituinte. Isso significa que qualquer eleitor ou força política favorável ao presidencialismo não deve apoiar ou votar nas forças políticas partícipes do projeto de consenso, optando por alternativas.[16]

---

[16] A ideia aqui é que se deve evitar fatiar questões inseridas em estruturas mais amplas com saídas demagógicas, como o plebiscito de 1994. Assim, o eleitor deve optar, na Constituinte exclusiva, por aquele deputado ou partido que estará defendendo determinado projeto de reforma política.

O sexto e último ponto: as forças políticas que se somarem ao consenso democrático deveriam pactuar, além do projeto da reforma, um período de transição que se estenderia até a realização das eleições dentro das novas regras, que definiriam um novo sistema e um novo governo.

3.6. Viabilidade política do projeto

Para aqueles supostamente pragmáticos que descartam peremptoriamente um projeto com tais características, pela sua suposta inviabilidade política, diria que foi em função do pragmatismo que chegamos à situação atual, ao seguirmos o lema "Vamos deixar como está para ver como fica!". E a situação atual, que começou por uma longa letargia pela falta de um projeto claro e consistente de desenvolvimento econômico, especialmente no pós-crise internacional de 2008, transmutou-se para uma crise política (2013 e 2014), a qual transformou-se em grave crise econômica (2015 e 2016), o que, por sua vez, agudizou a crise política. Todos esses efeitos combinados confluíram para uma crise institucional nos dias atuais, com grave ameaça à democracia.

Para a esquerda, ao se propor o correto, do ponto de vista dos seus valores clássicos, não há nenhuma concessão, o que inclui o cerne da reforma política proposta – forma de eleger o parlamento e o próprio parlamentarismo. A concessão é, no fundo, o rompimento com usos e costumes equivocados, arraigados na cultura do *homem cordial*. Realizadas as eleições e eleito o parlamento, a governabilidade estará implicitamente definida, havendo uma total correspondência entre o resultado das eleições e o governo a ser formado. Assim, a possibilidade de implementação de um programa consistente de desenvolvimento econômico e social à esquerda torna-se mais plausível nesse novo contexto do que no instável, e virtualmente inviável no presidencialismo de coalizão.

Para segmentos à direita que, por razões diversas, acreditam no caráter funcional e civilizatório da democracia, a concessão também é ao rompimento com a cultura do *homem cordial*, além do risco de, com as novas regras, a esquerda chegar novamente ao poder. Mas a superação do presidencialismo e do seu implícito caráter majestático dá a ela a chance de um embaralhamento das cartas: torna-se viável um projeto de poder mais racional e menos carismático, evitando-se eventuais salvadores da pátria, sejam os efetivamente temidos à esquerda, sejam aqueles à direita, que tendem a ser inconsistentes e populistas.

Em suma, para sair do caráter conflagrado atual, o que inclui recolocar os atores do aparelho de Estado em seu devido lugar funcional, é necessário um projeto multipartidário, de todas as forças políticas democráticas, que promova uma correção estrutural do sistema político brasileiro. A partir daí o STF deixará de legislar e alguns de seus membros deixarão de fazer política, o mesmo valendo para os juízes, membros do MP e da PF. E órgãos como o TCU, que atualmente exorbita como poder Judiciário, com o bloqueio de contas bancárias, além de formulador da política fiscal do Executivo, voltará a ter o que é a sua função institucional: a de um eficiente fiscalizador das contas do Executivo a serviço do poder Legislativo.

 # Ações positivas e negativas dos 13 anos e 4 meses de governos petistas

Depois de 13 anos de um presidencialismo de coalizão, liderado pelo PT, o que foi bem realizado e mereceria ser replicado? O que seria um embrião a ser mais elaborado e aperfeiçoado? O que seriam ações isoladas, corretas, mas pífias, já que desprovidas de um contexto, inserido numa concepção mais geral? E o que, enfim, seria algo equivocado e que não deveria ser repetido, do ponto de vista da implementação de um projeto de desenvolvimento econômico e social do Brasil?

4.1. Ações corretas e bem realizadas

Sob a égide da campanha eleitoral, o governo Lula começou com destaque em programas como o Fome Zero, que seria centrado em ações diretas do governo que viessem a garantir segurança alimentar para a população. Depois de altos e baixos, mais baixos do que altos, chegou-se à conclusão de que ações diretas seriam um equívoco, dadas as suas prováveis ineficiências, optando-se pelo fechamento do então apelidado *ministério da fome*, e pela concentração de todas as ações de apoio social no programa Bolsa Família, com a unificação dos cadastros de todos os programas. Assim, o esforço de gestão administrativa concentrou-se em um único ministério, e o aperfeiçoamento do programa, inclusive corrigindo e coibindo fraudes, concentrou-se na gestão desse cadastro.

O importante a ser enfatizado não é o espetacular alcance do Bolsa Família, já objeto de estudos e avaliações sistemáticas, mas o fato de que, ao centralizar e evitar diversas ações diretas do setor público, inclusive a temerária compra e posterior distribuição de alimentos para a população, construiu-se uma ação decisiva do Estado, com o mínimo possível de intervenção do próprio Estado e, implicitamente, o máximo de eficiência.

Ao lado dessa ação, que poderia ser considerada complementar, estabeleceu-se uma política de aumento real do salário mínimo, que se acentuou e tornou-se regra a partir de 2006. Essa foi, de longe, a principal medida social dos governos Lula e Dilma, com impactos diversos, em especial na aposentadoria rural, mudando, inclusive, a estrutura espacial e regional do Produto Interno Bruto (PIB) brasileiro.[17] E essa ação espetacular, do ponto de vista de resultados, não teve nenhum custo administrativo adicional, aproveitando e aperfeiçoando uma estrutura já existente, o Instituto Nacional do Seguro Social (INSS).

Com características semelhantes, várias ações na área da educação mereceriam menção, assim como na saúde, pelo programa Mais Médicos. No cômputo geral, renda e serviços foram redistribuídos em larga escala, com pequeno custo de transação em termos da própria máquina pública. Dinamicamente, o único pré-requisito seria macroeconômico, isto é, o crescimento sistemático e significativo do PIB e da Renda Nacional, o que viria a depender de um conjunto de medidas não triviais a serem implementadas.

---

[17] Isso porque a aposentadoria constitui, regionalmente, uma renda transferida, passando a integrar a base econômica regional, exercendo um poderoso efeito multiplicador sobre as atividades econômicas locais. Sobre o conceito de base econômica, ver o capítulo 5 – Uma proposta de desenvolvimento econômico e social em uma perspectiva mais geral. p. 55.

4.2. Ações corretas a serem aperfeiçoadas

De modo geral, a saúde é um dos setores mais críticos do ponto de vista de se estabelecer uma política social massiva e relevante, já que, por sua própria natureza, ela é virtualmente incompatível com a prestação privada de serviços. Inicialmente o Programa Saúde da Família, criado ainda no governo FHC, do qual o programa Mais Médicos é um complemento, trabalha com a ideia complexa e difícil de uma rede própria e pública da Saúde. Mas ela tende a resolver apenas parte do problema, já que, para funcionar a contento, teria de contar com uma retaguarda de especialidades médicas e uma rede de hospitais públicos. Nesse sentido, nem mesmo os planos privados de saúde, em parceria com a rede privada, funcionam satisfatoriamente, sugerindo que a relação dessa rede com o Sistema Único de Saúde (SUS) ou ocorre com nefastas consequências para o serviço público, ou simplesmente não ocorre. Assim, a solução é a rede pública, que, via de regra, é terrivelmente administrada nos três níveis de governo. Aqui ocorrem vários tipos de problemas, desde o empoderamento corporativo dos médicos, cuja prática é não trabalhar ou trabalhar pouco,[18] até a corrupção desenfreada, em boa parte da rede pública de hospitais. Longe de ser trivial, a solução para o problema deve contemplar ações que abranjam os três níveis de governo, disciplinando as corporações e criando um sistema de governança que mitigue ou expulse as "quadrilhas enquistadas" na rede pública de hospitais. Um programa desse tipo, que apenas foi timidamente esboçado no período petista, é um desafio de longo prazo, requerendo tempo, paciência e sistematicidade ao longo de vários governos, estando longe de uma opção simples e ideológica pela rede pública.

Poderíamos também enquadrar na categoria de ações que funcionaram e que, devidamente aperfeiçoadas, poderiam servir de inspiração para a construção mais geral da infraestrutura brasileira, o modelo do setor elétrico, especialmente nos segmentos de geração e transmissão.[19] *Grosso modo*, voltou-se a investir pesadamente em todos os tipos de geração de energia,

---
18 A resistência visceral ao Mais Médicos mostrou isso de forma cabal.
19 Não confundir o modelo de investimento adotado para o setor com questões relacionadas à Medida Provisória 579/2012, discutidas adiante.

desde as grandes usinas hidrelétricas, as Pequenas Centrais Hidrelétricas (PCHs), eólicas e as termelétricas como complemento técnico de toda a matriz de geração, resultando num crescimento de cerca de 120% em 12 anos, evitando-se um novo apagão. E a transmissão, com um pouco menos de eficiência, acompanhou essa enorme expansão da oferta.

São vários os fatores que contribuíram para o acerto do modelo adotado para o setor e implementado pela então ministra de Minas e Energia Dilma Rousseff, nos idos de 2003 a 2005. O primeiro fator foi a separação da energia velha dos novos investimentos necessários para a geração e transmissão da energia nova, de forma que o custo marginal desta última impactasse menos na tarifa final para os consumidores. No modelo que estava sendo esboçado no período FHC, ao contrário, o esforço era concentrado na privatização da energia velha, acreditando-se que esse discurso e práticas privatistas trariam os novos, complexos e multivariados, inclusive do ponto de vista de taxas de retorno-investimentos em geração e transmissão.

O segundo fator foi a (maior) participação do Banco Nacional de Desenvolvimento Econômico e Social (BNDES), viabilizada não apenas no incremento da porcentagem de financiamento no investimento total como também pela mudança do *modus operandi,* seja: i) pela redução dos juros, inclusive do próprio *spread* do BNDES; ii) pelo aumento da parcela financiada com a Taxa de Juros de Longo Prazo (TJLP)[20] (mais barata) *vis-à-vis* juros de mercado no total do empréstimo; iii) pela própria redução da TJLP, que de 13,5% ao ano em 2002 chegou a 5% ao ano em 2012; iv) e, finalmente, pela flexibilização do sistema de garantias.[21]

O terceiro fator foi a grande contribuição dos fundos fechados de previdência, sobretudo, em grandes empreendimentos, como a construção da hidrelétrica de Belo Monte, os quais, por necessitarem e conviverem com taxas de retorno mais baixas (em torno de 6% ao ano), ajudaram

---

[20] A TJLP representa o custo básico dos financiamentos concedidos pelo BNDES. Teria como finalidade estimular investimentos nos setores de infraestrutura e bens de capital.
[21] Até 2002, o BNDES trabalhava com um conceito tradicional de garantia real, incompatível com um projeto *green field* de concessão. A partir de 2003, passou-se a trabalhar com o conceito de fluxo de recebíveis do regime de concessão.

na composição do alto volume de recursos próprios do investimento. Finalmente, a Centrais Elétricas Brasileiras S. A. (Eletrobras) ficou com uma participação relevante, mas minoritária, garantindo a montagem de uma governança privada para os empreendimentos, diferentemente da maioria dos projetos da Petrobras.

Somados, estes quatro ingredientes viabilizaram a retomada maciça dos investimentos no setor, depois de mais de 25 anos, a partir da quebra da economia brasileira pelos governos militares ao longo das décadas de 1970 e 1980.[22] De certo modo, eles contêm os germes de uma solução para a questão da infraestrutura brasileira, na medida em que conjugam o inevitável protagonismo do Estado com uma taxa de retorno ajustada aos vários tipos de capitais presentes no investimento aliada a um padrão de governança privada que blindou os investimentos. A prova disso é a virtual conclusão, com sucesso, das obras das três grandes usinas, as maiores já construídas desde o período militar, sem grandes problemas em termos de aditivos contratuais para os epecistas. Assim, a despeito da melhor qualidade e governança da Petrobras em relação à Eletrobras, esta última levou uma enorme vantagem nesse tipo de modelo, conseguindo passar (quase) incólume até mesmo ao ciclo destrutivo da Lava Jato.

De modo quase análogo, esse modelo foi replicado para o setor de aeroportos. Houve algum sucesso na retomada dos investimentos, embora abortados parcialmente pela Lava Jato, que, além de contribuir para produzir a forte depressão econômica ainda em curso, também jogou na lona todas as grandes empreiteiras brasileiras, principais lideranças dos consórcios responsáveis pelas concessões.[23]

---

[22] Ao contrário do que os incautos saudosistas parecem supor, o ciclo militar, que correspondeu ao apogeu da participação do Estado na economia, levou à quebra da economia brasileira na primeira metade dos anos 1980, traduzida numa aguda crise cambial. Esta tinha interação estreita com a crise fiscal (especialmente via empresas estatais) e com o decorrente processo inflacionário, convergindo todos esses aspectos para a hiperinflação da segunda metade da década de 1980 e início dos anos 1990. O nível de corrupção, nessa economia superestatizada, atingiu os píncaros, beneficiando empresas – com destaque, é claro, para as da construção civil pesada, que teve ali também seu apogeu – e membros eminentes do complexo burocrático estatal.

[23] A ideia é que a operação Lava Jato tem sido o fator primordial da depressão da economia neste biênio 2015/2016. Ver a respeito o interessante vídeo *Destruição a jato: desmascarando Globo*. You Tube. 22:48 min. Disponível em: <https://www.youtube.com/watch?v=o_c_-9uso4c>. Acesso em: 12 nov. 2016.

No caso das rodovias, o programa de concessões estava em andamento, mas vinha encontrando alguns obstáculos. O mais importante é que muitas licitações ou intenções de licitação estavam resultando em conjunto vazio. Não apareciam pretendentes com capacidade financeira para executar os projetos. Existem vários motivos para isso acontecer, desde a inexistência de projetos executivos, necessários não apenas para a realização, mas para uma estimativa realista do valor do investimento, até o fato puro e simples de que a taxa de retorno estava abaixo de um nível mínimo de mercado. E nesse último caso, a solução proposta, as Parcerias Público-Privadas (PPPs), ficaria na dependência das garantias de o setor público honrar o seu compromisso no investimento. Uma vez que esse problema não foi contornado de forma sistemática, e sim apenas episódica, o programa de concessão das rodovias vinha caminhando, embora em ritmo mais lento do que o dos setores de energia elétrica e aeroportos.

Ocorreu de forma análoga, embora com o fator agravante de uma taxa de retorno mais baixa ainda (ou até mesmo negativa), no caso das ferrovias, cujo programa avançou muito pouco e em ritmo muito inferior ao das rodovias. Nos dois casos, como tentaremos mostrar mais adiante, havia dificuldades, mas avançava-se na direção certa tal qual nos setores elétrico e de aeroportos, isto é, investindo-se na infraestrutura após mais de 25 anos, combinando-se grande protagonismo do Estado com governança privada. Todos esses esforços, infelizmente, foram decididamente abortados pela crise política e institucional dos últimos dois anos, voltando-se, com o *impeachment* da presidenta Dilma, ao círculo vicioso do conjunto vazio dos investimentos em infraestrutura.

4.3. Ações corretas, mas descontextualizadas

De um ponto de vista mais geral, tais ações poderiam ser chamadas de tentativas, acertos e erros na direção certa, considerando-se que os acertos davam consistência e sustentabilidade a elas. O problema é que, ao lado dessas ações, o governo recorreu a uma série de improvisos, especialmente como reação à crise internacional em fins de 2008. Desencadeou-se então o fim do *boom* das commodities, o que veio tornar patente, sabe-se com certeza agora, que os governos petistas não tinham um projeto de desenvolvimento, embora tateassem, muitas vezes igual baratas tontas, nessa direção. Claro que isso é muito melhor do que as propostas neoliberais dos governos anteriores ou dos governos Temer ou Bolsonaro, as quais, sustentadas unicamente em mitos, estão irremediavelmente comprometidas com a estagnação.[24]

O programa Minha Casa, Minha Vida (MCMV), um tanto improvisado, acabou se revelando um excelente programa, faltando apenas a devida consolidação de sua forma de financiamento na lei orçamentária.[25]

A política de conteúdo local praticada pela Petrobras, com o reerguimento da indústria naval brasileira, apesar de bem-sucedida de um ponto de vista imediato, anterior, inclusive, à crise de 2008, acabou sendo, na sua forma específica de implementação, um dos grandes equívocos dos governos petistas. Ao invés de, utilizando um mecanismo mais geral de proteção para a indústria como um todo, que tributasse a importação e isentasse de impostos, de forma análoga, a exportação,[26] deixando à Petrobras a decisão de comprar no mercado interno ou importar, acabou estabelecendo vários sistemas discricionários. Isentavam-se impostos de importação a partir de distintos regimes especiais, que a beneficiavam (e outros), ao mesmo tempo em que a obrigava, em alguns casos, a fazer encomendas no mercado interno. O equívoco está no fato de que a única

---

[24] O mito baseia-se na crença de que um bom ambiente de negócios trará, em algum momento, se Deus quiser, o aumento do investimento privado. E o bom ambiente de negócios seria sinônimo de Estado mínimo, respeito aos contratos (da dívida financeira) e desrespeito ao contrato social. Como o investimento privado é garantido e induzido pela expectativa de rentabilidade dos empreendimentos em qualquer setor produtivo, e ela inexiste se não for construída e induzida pelo Estado, especialmente em regiões subdesenvolvidas como o Brasil, o mito do bom ambiente é apenas uma rota de fuga para escamotear a discussão de uma agenda desenvolvimentista. Em última análise, sem o protagonismo do Estado, Deus, embora brasileiro, nunca irá fazer com que o investimento privado aconteça.

[25] O programa MCMV vinha sendo financiado pelo Fundo de Garantia por Tempo de Serviço (FGTS), inclusive no tocante a sua parcela subsidiada. Embora não tenha afetado patrimonialmente o próprio FGTS, na medida em que este vinha apresentando superávits, isto é, o valor dos depósitos (passivo) vinha sendo inferior às aplicações (ativo). Essa diferença, que financiava o MCMV, deveria ter sido consubstanciada em lei, passando a ser presença compulsória na lei orçamentária. Em vez disso, ela passou a ser considerada uma pedalada fiscal, facilitando a sua reversão e distorção imediata pelo governo Temer.

[26] Voltaremos ao tema mais adiante no item 6.4. Uma proposta de câmbio para a indústria. p. 74.

missão da Petrobras, como empresa com o controle estatal, deveria ser investir prioritária e prevalentemente no Brasil, ter sua sede no Brasil, desenvolver novas tecnologias – como o pré-sal – no Brasil, ao menor custo possível. O conteúdo nacional não deveria ser uma missão da Petrobras,[27] devendo ser endereçado a uma efetiva política industrial.

A esse propósito, aliás, nesse rol de boas intenções à procura de boas ideias, podemos listar três lançamentos de política industrial desde 2004, tendo os três esbarrado num mesmo e sistemático problema. Apesar de supostamente estar centrada numa política de inovação, qualquer tentativa de apoio vertical a setores específicos significa estabelecer e garantir uma rentabilidade mínima para eles, o que induzirá ao investimento, que é o pré-requisito mínimo e básico para que ele seja inovador.[28]

Nesse sentido, o Programa de Sustentação de Investimentos (PSI), lançado em 2010, que consistia numa linha emergencial de financiamento (em especial, de máquinas e equipamentos credenciados no sistema Finame do BNDES) com juros muito subsidiados, acabou sendo, num primeiro momento, efetivo. Repetido incessantemente até 2015, pouco a pouco foi perdendo eficácia.[29] E no fim, acabou gerando um significativo custo fiscal, ao passo que um seu substituto ("um programa de renova-

---

[27] Esse *favor* realizado pela Petrobras, não induzida por uma eficaz política de preços relativos (resultados de uma política industrial) e sim por uma determinação voluntarista do governo, acabou sendo desastroso, não apenas tendo em vista os desdobramentos ulteriores da *Lava Jato*, mas, pela facilidade institucional com o que o governo Temer jogou fora a política de conteúdo nacional. Neste caso, não foi necessário nem mesmo o Congresso, bastando uma *penada* do sr. Pedro Parente.

[28] A tentativa de construir uma política industrial do *Bem*, apenas calçada no incentivo direto à inovação, de forma que o investimento ou seria inovador ou não ocorreria, acabou gerando conjuntos vazios em todas as três tentativas de construir uma política industrial desde 2004. Voltaremos ao tema mais adiante em Uma proposta de câmbio para a indústria, p. 74.

[29] No caso do PSI – caminhões, por exemplo, depois da renovação incessante do programa, foi criada uma *bolha* especulativa de caminhões de aluguel, dado o pequeno custo/benefício de se adquirir caminhões. Para continuar a incrementar a venda de novos, sem a formação de uma *bolha*, seria necessário avançar na direção do Programa de Renovação da Frota, sucateando-se os equipamentos velhos –retirados de circulação – reduzindo-se a idade média da frota, e aumentando-se, consequentemente, a sua eficiência e produtividade. E o custo fiscal, consistindo no crédito tributário a ser concedido para a indústria automotiva pelo sucateamento dos caminhões velhos, poderia ser mais do que compensado pelos impostos adicionais a serem gerados pela produção adicional de novos. Tal proposta, articulada tanto por uma frente de sindicatos de trabalhadores, sindicatos e associações empresariais e desenvolvida pelo BNDES e Ministério do Desenvolvimento Indústria e Comércio (MDIC), não chegou sequer a ser analisada pelo Ministério da Fazenda/Receita Federal, sendo liminarmente descartada.

ção da frota e do parque de máquinas") que poderia não ter custo fiscal nem sequer foi analisado pela equipe econômica do governo.[30]

Pior improviso ainda acabou sendo a redução do Imposto sobre Produtos Industrializados (IPI) para o consumo de bens duráveis, em especial automóveis, o qual, depois da segunda e terceira rodadas, deixou de gerar venda adicional de carros, ao lado de graves efeitos colaterais, como a própria perda de receita fiscal, ao lado de uma bolha do mercado de financiamento de automóveis.

Por último, como prova definitiva de boas intenções,[31] veio a queda da Selic (taxa básica de juros da economia), já no governo Dilma, que chegou a 7,25% ao ano em 2012, depois de mais de uma década no nível de mais de 10%, e acima de 20% em todo o período FHC. Embora tenha tido efeitos extremamente benéficos em termos fiscais, essa queda significativa não alterou as perspectivas de investimento na economia em dois segmentos decisivos: na infraestrutura, em função de questões estruturais de taxa de retorno (rentabilidade) dos projetos acima apontadas; e na indústria, também por questões estruturais de rentabilidade, conforme tentaremos mostrar mais adiante. A experiência com uma Selic muito baixa, talvez a mais baixa em termos nominais, na história do Brasil até então, de uma taxa básica de juros, acabou sendo desperdiçada por não se ter avançado no problema estrutural – mais uma jabuticaba brasileira – da altíssima remuneração financeira de curtíssimo prazo, em alguns momentos, como agora, quase no mesmo patamar ou maior do que a remuneração de longo prazo. Esse câncer, mais conhecido pela alcunha de operações compromissadas, que se explica pela captura política e ideológica que a Banca[32] orquestrou e implementou no Brasil, garantindo-lhe uma das mais altas remunerações do

---

[30] O problema central é que tais programas se basearam na concessão de um crédito tributário, que poderia ser mais que compensado pela produção adicional de máquinas, caminhões e ônibus. Na conta agregada, esse tipo de programa teria menor, ou mesmo nenhum custo fiscal. O problema é que, como todo crédito tributário, ele daria mais trabalho para a Receita Federal.

[31] Embora sempre à procura de boas ideias.

[32] Pelo termo "Banca" queremos representar todo o sistema financeiro privado brasileiro, que é estruturado em termos de poucos grandes bancos e uma numerosa constelação de pequenos e médios bancos, corretoras de valores, agências de *rating*, empresas de auditoria e de consultoria financeira. No caso brasileiro, esse complexo está fortemente ancorado na dívida mobiliária federal, que deveria garantir duas exigências, que seriam excludentes no resto do mundo: segurança (solvência) e rentabilidade.

mundo para operações de curto prazo, tem graves consequências sobre a economia brasileira, e não foi enfrentado, mesmo em momento favorável, configurando mais uma oportunidade perdida.[33]

4.4. Ações desastrosas

De modo geral foram poucas, prevalecendo a procrastinação de soluções relativas às deficiências estruturais da economia. Entretanto, quatro delas merecem destaque: uma no começo do governo Lula; outra durante o governo Lula, que se desdobrou ao longo do governo Dilma; uma terceira na metade do primeiro governo Dilma; e a quarta no primeiro ano do segundo governo da presidenta Dilma.

A primeira ação, ocorrida logo no primeiro ano do governo Lula, por seus malefícios estruturais para uma agenda que se propunha social, acabou sendo uma espécie de pá de cal na sustentabilidade de longo prazo de um projeto petista de poder. Foi ela a reforma tributária de 2003, na qual foram gastas, ficou-se sabendo depois, todas as fichas políticas de um novo governo na aprovação de algo definitivamente escabroso, em nome da governabilidade. Essa reforma, silenciosa e insidiosa, nunca é mencionada por quase ninguém, nem pelos previsíveis economistas ligados à Banca, nem pelos representantes da esquerda. Entre as poucas e honrosas exceções, temos Brami Celentano e Carvalho (2007, p. 1):

> "A reforma tributária proposta pelo governo Lula em 2003 manteve-se nos limites das propostas do PSDB e do governo FHC, inspiradas na ideologia neoliberal. Os pequenos avanços para reduzir a regressividade, como a desoneração da cesta básica de consumo, não reverteu o papel da estrutura tributária na concentração de renda, com o predomínio dos impostos indiretos e de seus efeitos regressivos. A tributação tem merecido pouco destaque no amplo debate

---
[33] Essa altíssima remuneração de aplicações de curto prazo é garantida pela prática sistemática e recorrente das operações compromissadas do BC, constituindo uma grave distorção da política monetária, só existindo em outros países, inclusive subdesenvolvidos como o Brasil, em momentos emergenciais.

sobre políticas sociais no Brasil, concentrado na repartição da despesa pública e na eficácia dos gastos, sem a devida atenção ao papel da estrutura tributária na concentração da renda e da riqueza no país."[34]

Aparentemente abstrato, o vaticínio dos dois autores pode ser exemplificado a partir dos efeitos – aparentemente benignos – da segunda ação desastrosa do governo Lula e que se estendeu de 2003 até meados de 2012, já no governo Dilma:[35] a conivência com o processo de sobrevalorização cambial.[36]

Na verdade, no período de 2003 até setembro de 2008, o câmbio valorizou-se de R$ 3,50/US$ para R$ 1,75, ou seja, cerca de 100%. Exemplo mais acabado de como o *boom* das commodities beneficiou a economia brasileira, era de se esperar que a taxa de inflação se aproximasse de zero, em termos anuais, nos moldes de boa parte das economias desenvolvidas ou em desenvolvimento, exceto aquelas relativamente aquecidas, como a China. Entretanto, embora a inflação brasileira tenha baixado da casa dos 10% ao ano no início de 2003 para um mínimo de 3,12% ao ano (e não algo próximo de zero), voltou a subir a partir daí, mesmo com a continuação do movimento de apreciação cambial. Em 2007 retornou ao patamar de 4,5% ao ano, e, a partir de 2010, ao patamar de 6% ao ano, aí ficando até meados de

---

[34] BRAMI-CELENTANO, Alexandrini; CARVALHO, Carlos Eduardo. A reforma tributária do governo Lula: continuísmo e injustiça fiscal. *Rev. Katálysys*. Florianópolis, v. 10, n. 1, jan./jun. 2007. Disponível em: <http://dx.doi.org/10.1590/S1414-49802007000100006>. Acesso em: 6 out. 2019.

[35] Houve um rápido repique de desvalorização cambial logo na fase mais aguda da crise, no quarto trimestre de 2008, recuando, infelizmente, a partir daí para os níveis pré-crise até junho de 2012.

[36] Fazendo um comentário espirituoso a respeito da grita contra o processo em andamento de sobrevalorização, o presidente Lula disse, em 2005, que "o problema do câmbio flutuante é que ele flutua", pondo uma pedra em cima do assunto. Entretanto, ele voltou à baila em 2007, quando tinha ficado claro o estrago do processo sobre a indústria brasileira. Aí, então, a proposta na mesa, ao invés de uma intervenção suja, isto é, com compra de dólares e acumulação de reservas, que já vinha apresentando um enorme custo fiscal, mas na utilização do IOF, um imposto regulatório que poderia, com facilidade, regular o nível de entrada (e não o de saída) do movimento de capitais especulativos, não precisando, inclusive, da colaboração do BC. Embora essa alternativa apresentasse até mesmo aumento da arrecadação tributária (ganho fiscal), ela foi liminarmente descartada, seja para não desagradar a Banca, representada dentro do governo pelo BC e seu presidente, Henrique Meirelles, seja, tão importante quanto ou mais, pelo fato de que o populismo cambial é um mal atávico de todos os governos brasileiros de A a Z. Voltaremos ao assunto mais adiante nos itens 6.3. A necessidade de um câmbio para a indústria, p. 72; e 6.4. Uma proposta de câmbio para a indústria, p. 74.

2012, quando o câmbio saiu de valores mínimos e reiniciou o processo de desvalorização, passando a ser um fator de alimentação da inflação.

Qual a razão da relativa inelasticidade – resiliência – da inflação à queda, mesmo depois de uma fortíssima deflação dos preços internacionais, quando convertidos em reais? Em outras palavras, por que a economia brasileira apresenta uma relativa inércia inflacionária, mesmo estando sob a influência de um agudo choque cambial deflacionário?

Um economista da Banca, dominado em 99% pela ideologia e 1% pela ciência, diria que a redistribuição de renda promovida pelo governo é a responsável fundamental. Ao argumento de que a redistribuição de renda teve muito mais a ver com o gasto social do governo, aposentadorias e Bolsa Família, por exemplo, pouco interferindo nos processos de formação de preços, esse economista, agora utilizando um pouco mais de ciência (talvez uns 20%), diria que não apenas a redistribuição *per se*, mas a política de pleno emprego do governo teria aquecido o mercado de trabalho o suficiente para que o choque cambial deflacionário, ao lado e somado ao aumento médio da produtividade, fosse superado pelo aumento dos salários reais. Embora o aquecimento do mercado de trabalho tenha ocorrido gradativamente, ele somente se tornou visível a partir de 2010, não explicando em nada o ocorrido nos anos anteriores, ou seja, a relativa resiliência do processo inflacionário.

A nosso ver, a carga tributária altamente regressiva, ratificada pela reforma de 2003, é a responsável número 1 por essa inércia da inflação, na medida em que participa em algo como 40% do valor adicionado dos processos produtivos formadores de preços, tornando-se um custo fixo relativamente alto e incomprimível, dado qualquer processo de acomodação para baixo dos preços e dos lucros.[37] Por outro lado, quando estamos diante de um choque cambial inflacionário, a rigidez da carga

---

[37] Deve-se considerar que os juros, em sua inserção estrutural de longo prazo no custo das empresas, também ajudariam a produzir tal inércia. Haveria uma dualidade da política monetária de juros altos, podendo esta contribuir para um aumento, e não uma redução, da inflação em longo prazo. Sobre isso, ver o artigo do insuspeito André Lara Resende, "Juros e conservadorismo intelectual", publicado no jornal *Valor Econômico*, em 13 jan. 2017. Citando estudos mais recentes sobre inflação, constata não haver uma justificativa teórica para os juros tão altos no Brasil, podendo a política monetária praticada há mais de 20 anos estar produzindo mais inflação, e não menos.

tributária regressiva joga para cima dos ombros dos salários e das rendas mais baixas todo o impacto do aumento dos preços, desfazendo aqui, com sobras, o eventual ganho salarial do período deflacionário.[38] Ao reverso, uma carga tributária progressiva, pouco incidente na formação dos preços, é a única capaz de realizar justiça social no longo prazo, ao contrário de mistificações encobertas, num primeiro momento, por movimentos favoráveis do ciclo econômico, como o fora o período do *boom* de commodities.

Mas a reforma tributária de 2003 ocasionou mais danos do que a cristalização da carga tributária regressiva e seus efeitos perversos, macroeconômicos, de longo prazo. No bojo do pacote tributário, a bancada ruralista conseguiu emplacar uma emenda constitucional (a EC 21), a famigerada Lei Kandir, que proibia a tributação do Imposto sobre Circulação de Mercadorias (ICMS) estadual de matérias-primas para a exportação, incluindo também nessa emenda o Programa de Integração Social (PIS) e a Contribuição para Financiamento da Seguridade Social (Cofins) federal. Com isso, cristalizou-se constitucionalmente uma lei anti-industrialização, que fez com que a indústria nacional continuasse a pagar indiretamente ICMS e PIS-Cofins para exportar.[39]

Entretanto, esse descaso para com a indústria foi apenas um aspecto de um comportamento mais geral de convivência deliberada com o processo de desindustrialização do Brasil, cujo eixo central foi

---

[38] Esse impacto de aumento dos preços, em função da desvalorização cambial, começou a ser sentido a partir do segundo semestre de 2012, com maior ênfase nos segmentos de baixa renda dos grandes centros urbanos.

[39] Só para exemplificar, suponha-se que o produtor de soja exporte R$ 100,00 de grãos, ficando isento do PIS-Cofins e ICMS. Entretanto, se ele vender os mesmos R$ 100,00 no mercado interno para a indústria de óleo e ração, esta pagaria 10% de ICMS e 5% de PIS-Cofins, ficando com custo final da matéria-prima de R$ 115,00. Se ele for exportar essa matéria-prima processada, isto é, ração e óleo, o valor que ele adicionar não pagará ICMS e PIS-Cofins, mas o crédito tributário a ser compensado relativo a esses dois impostos pagos, ao comprar a matéria-prima, vai se acumular indefinidamente. Assim, o industrial estrangeiro será mais competitivo que o similar nacional, já que o primeiro pagará R$ 100,00 pela matéria-prima e o segundo R$ 115,00! A melhor solução para esse problema seria igualar as duas situações, por exemplo, cobrando-se uma alíquota menor dos dois impostos para exportação e venda no mercado interno da matéria-prima ou isentando-se ambos.

a política de câmbio. Em seu conjunto, a reforma tributária de 2003 e a política cambial até 2012 são os elementos centrais da crise que começou a atingir pesadamente a economia brasileira a partir do final de 2012, puxada pela desvalorização cambial, inflação alta (indexada pela alta carga tributária regressiva) e, inevitável, aumento dos juros. Tudo isso suportado por uma infraestrutura ainda em fase incipiente de construção e uma indústria virtualmente destruída, que sobrevivia à base de improvisos e "puxadinhos". Resumidamente, pode-se dizer que, na fase de baixa do ciclo de commodities, o projeto de desenvolvimento social do governo petista, por não conter, também, um projeto de desenvolvimento econômico sistemático e consistente, ruiu, não se conseguindo consertá-lo, nem com atitudes voluntaristas, nem com atitudes conservadoras.[40]

Uma dessas atitudes voluntaristas acabou se tornando a terceira ação efetivamente desastrosa do ciclo petista: a edição da MP 579 em dezembro de 2012, transformada na Lei 12.783 em janeiro de 2013. Com ela, se anteciparia o vencimento das concessões de várias usinas hidrelétricas, de posse da Eletrobras, Companhia Energética de São Paulo (Cesp), Companhia Energética de Minas Gerais S. A. (Cemig) e Companhia Paranaense de Energia (Copel), entre as principais. Seu objetivo primordial seria uma redução das tarifas de energia em 20%, na medida em que a renovação proposta remuneraria apenas o custo de manutenção e administração dessas usinas. No fundo, mais uma boa intenção à procura de uma boa ideia. Quais foram os problemas?

Em primeiro lugar, contrariando o preceito básico de Garrincha, de combinar com os russos, à exceção da Eletrobras, empresa de controle do governo federal, Cesp, Cemig e Copel, as principais concessionárias, estatais com controle de governos estaduais, não aceitaram as condições de renovação, e ficaram até o final de sua

---

[40] Num primeiro momento, as atitudes voluntaristas foram tomadas pela presidenta Dilma. O seu conselheiro, o ex-presidente Lula, tinha uma opinião mais conservadora. Quando ficou claro que a equipe econômica comandada pelo ministro Guido Mantega não tinha respostas para a crise que se instalava, o conselheiro defendeu a troca do ministro, sendo o nome sugerido para o Ministério da Fazenda o ex-presidente do BC Henrique Meirelles.

concessão, entre 18 e 24 meses, com essas usinas descontratadas do sistema elétrico, lucrando com a oferta no mercado livre. Estima-se que tenham lucrado quase R$ 6 bilhões. Em segundo lugar, por outro lado, a consequência disso foi que as empresas distribuidoras de energia de todo o país (entre as quais as controladas das mesmas Cemig e Copel) ficaram descontratadas dessa parte da oferta de energia. Neste caso, caberia à Conta de Desenvolvimento Energético (CDE) cobrir essa exposição involuntária. Em terceiro lugar, entretanto, como a cota da CDE dentro da tarifa de energia paga pelo consumidor foi reduzida em 75% pela mesma MP 579, o Tesouro Nacional precisou cobrir um rombo, incluindo essa parte da exposição involuntária das distribuidoras, que chegou a R$ 20,2 bilhões no biênio 2013-2014!

Em resumo, além de desorganizar bastante o setor de energia num momento muito difícil, com falta de chuvas e a ligação prolongada das termelétricas, que onerava por si só o consumidor, essas medidas não conseguiram, ao fim e ao cabo, reduzir a tarifa. Além do mais, prejudicaram enormemente a Eletrobras e beneficiaram momentaneamente as concessionárias que não renovaram a concessão.[41] A conta, no final, acabou sobrando para o Tesouro, piorando o já problemático resultado fiscal.

O mais grave, porém, foi que a boa intenção dessa medida provisória teve como preocupação central reduzir a inflação, que na época insistia em estourar o teto da meta, pressionada que estava pela desvalorização cambial e seu indexador implacável: a carga tributária regressiva. A enorme desproporção dos dois fatores (a magnitude do choque cambial e seu poderoso indexador) e os eventuais efeitos (que não vieram) da redução da tarifa de energia tornaram patente o

---

41 Numa leitura política, a medida provisória de certo modo deu ouro para os bandidos, já que as concessionárias que não renovaram a concessão e passaram a ofertar essa energia velha no mercado livre tiveram um superlucro. No caso da Copel e da Cemig, as suas subsidiárias de distribuição de energia ficaram com exposição involuntária, ao passo que as geradoras reverteram esse superlucro para as suas controladoras. No caso da Cemig, por exemplo, o recurso foi utilizado para pagar um dividendo extra para os acionistas privados e o Estado de Minas Gerais, ajudando a cobrir desmandos escabrosos do período tucano, como o do famigerado e inútil Centro Administrativo.

grande desconhecimento da equipe econômica e da presidenta sobre a situação econômica brasileira, em especial dos efeitos muito fortes de um choque cambial, em função do tamanho da carga tributária e sua alta regressividade, na inflação. Mesmo no setor de energia elétrica, o ICMS estadual sozinho eleva em mais de 40% a tarifa, sendo de longe o principal responsável pelo preço ao consumidor. Isso ficou mais claro com o desdobramento da crise ao longo de 2013, cuja estrela principal foi a inflação.

Em fevereiro de 2013 foi o capítulo do reajuste dos ônibus municipais e metropolitanos. Preocupado com o seu impacto em patamar ascendente na inflação, o governo federal acabou por descobrir, afinal, dois poderosíssimos indexadores altamente regressivos (por incidirem exatamente no transporte urbano de massas) embutidos nas tarifas: o ISS (Imposto sobre Serviços) municipal e o PIS-Cofins, que encareciam em cerca de 10% a tarifa. Foram finalmente revogados (o ISS apenas para algumas cidades), aparecendo como os vilões do momento, esquecendo-se todos, inclusive o governo federal, de que tais impostos sempre estiveram ali, sendo que o PIS-Cofins fora embutido e aprovado pela reforma tributária de 2003.

Posteriormente, em março, passou-se a discutir o impacto dos impostos na cesta básica, quando a presidenta e parte da equipe econômica acabaram por descobrir a verdadeira dimensão do problema, tendo em vista o tamanho da arrecadação e o impacto de sua isenção no resultado primário. Naquela altura, constatou-se que a oportunidade de se fazer justiça tributária, controlando ao mesmo tempo a inflação, tinha ficado para trás – na verdade, dez anos para trás, em 2003 – e o assunto foi abandonado, em razão de novos e mais graves problemas trazidos pelas manifestações de junho.

A falta de providências para os problemas estruturais da economia, que não mais reagia aos "puxadinhos" e improvisos, fez com que se chegasse com muita dificuldade ao final do primeiro mandato da presidenta, afinal reeleita por um aparente "milagre", com a crise econômica já visível e o complô eleitoral da Lava Jato – na época era esse o seu objetivo – em pleno andamento. E aí, a moderação, que já era a tônica da forma de agir em boa parte dos assuntos, inclusive em relação à (não) reação ao movimento nada republicano da Lava Jato, passou a predominar totalmente na economia, quando a presidenta escolheu Joaquim Levy para novo ministro da Fazenda, no contexto da formação do novo ministério.

Ao lado da recondução de José Eduardo Cardoso como ministro da Justiça, em 2014, não aproveitando o ensejo do novo mandato (que deveria implicar novo ministério), essas duas nomeações foram uma das ações mais desastrosas da presidenta ao longo dos seus cinco anos e quatro meses de governo.

Em primeiro lugar, no que se refere ao ministro Cardoso, dada a sua efetiva conivência com os abusos e atentados à Constituição que vinham sendo praticados pelo MP, PF (garantida por um decreto que lhe conferia autonomia operacional), Judiciário e o próprio STF, evoluiu-se para uma situação letal que, não tendo conseguido inviabilizar a reeleição, passou rapidamente para um movimento de inviabilização política, na medida do possível, ou econômica, que viria a ser linha auxiliar da desconstrução política, minando o cerne do processo de investimento, isto é, a construção civil pesada.

Em segundo lugar, no que se refere ao ministro Joaquim Levy, o desastre não foi apenas pelas ações de contenção efetiva que começou a realizar, travando o processo de investimento estatal e o financiamento dos bancos estatais. Mais grave que isso, estava-se, mesmo aos trancos e barrancos, caminhando no sentido de destravar, com governança privada, o investimento em infraestrutura, o que seria um dos fatores decisivos para a redenção da economia brasileira, no sentido de sair do status de economia subdesenvolvida. Joaquim Levy, com sua agenda linear, monocórdia (mais grave do que ser conservadora era o fato da falta total e absoluta de criatividade), representou a pá de cal no processo em pleno andamento. E para finalizar, sua nomeação trouxe, com exceção da Banca, um péssimo simbolismo, transparecendo uma espécie de estelionato, a justificar o discurso golpista, assim que foi concluído o processo eleitoral.

Com a sua saída, um ano depois, o estrago – mais um – já estava feito, havendo ainda aqueles que defendiam Henrique Meirelles, a sugestão inicial do ex-presidente Lula, alegando que a presidenta Dilma teria errado no nome, mas não na estratégia. Felizmente, para a esquerda e para os desenvolvimentistas, o sr. Michel Temer nomeou-o ministro da Fazenda, deixando a nu sua capacidade limitadíssima, igualmente monocórdia e linear, insuficiente para enfrentar minimamente, mesmo com uma estratégia conservadora, os atuais desafios econômicos.[42]

---

[42] Tudo indica que essa espécie de ilusão do ex-presidente Lula com o nome de Meirelles prende-se aos anos dourados de seu governo, quando o *boom* das commodities garantiu o melhor dos dois mundos: queda da inflação e redistribuição de renda, abstraindo-se que o fator efetivo para garantir essa proeza foi a apreciação cambial (com consequências nefastas, previa-se na época e sabe-se hoje) e não a política monetária de Meirelles em seu aspecto geral ou mesmo específico. Espera-se que, voltando a ser presidente, ou até mesmo primeiro-ministro, se aprovado o parlamentarismo, como propomos, ele possa encarar com mais afinco e prioridade a questão do desenvolvimento, deixando de cair na tentação de encurtar caminhos, simplificar e procrastinar agendas improrrogáveis.

5 | Uma proposta de desenvolvimento econômico e social em uma perspectiva mais geral

5.1. Rompendo com o modelo econômico salazarista

Uma pergunta básica: se há um razoável consenso, pelo menos entre os segmentos à esquerda, de que a Banca retomou inteiramente as rédeas do Estado brasileiro, depois de uma coabitação de 13 anos com governos petistas,[43] qual viria a ser então a sua motivação econômica, e não puramente ideológica e visceral, tal como propagado por seus prepostos do PIG e outros, para romper e patrocinar o golpe de maio de 2016?

A resposta para essa indagação pode ser encontrada no fato de que, se tomarmos por referência 1994, início do Plano Real, até os dias atuais, o sistema financeiro brasileiro, especialmente no que se refere aos seus grandes bancos, mas não apenas, cresceu muito à frente dos demais segmentos da

---

[43] Essa coabitação permitiu que se fizessem algumas concessões sociais, garantidas, em última instância, pelo ciclo do *boom* de commodities e seu correspondente processo de apreciação. Com o fim do *boom*, a Banca rompeu unilateralmente com a coabitação, contribuindo para a promoção do golpe de 2016.

economia, talvez algo como entre 15% e 20% ao ano,[44] ao passo que outros segmentos estagnaram, como a construção civil pesada, ou regrediram, como a indústria de transformação. Se os segmentos da economia real não foram muito bem, em torno ou em interação com quais segmentos o sistema financeiro cresceu?

Em primeiro lugar, deve-se afirmar que o sistema financeiro é simplesmente uma indústria de serviços, incluindo o pagamento e recebimento de contas, saques, depósitos, transferências e aplicações, sendo que, no caso brasileiro, com um padrão de eficiência próximo do primeiro mundo. Por outro lado, os empréstimos e financiamentos, que constituem o negócio tradicional e economicamente imprescindível para a economia, continuaram andando devagar, no mesmo ritmo do PIB, mantendo-se a mesma postura conservadora do início dos anos 1970, de não realizar financiamentos de longo prazo.[45] Assim, em segundo lugar, seja para dinamizar, em rentabilidade, a sua indústria de serviços, seja para compensar a sua ausência histórica dos financiamentos de longo prazo, o sistema financeiro conta com um *hedge* fundamental: a dívida pública.

É ela, por exemplo, que garante a alta margem das comissões cobradas junto a poupadores, nas aplicações de curto e médio prazo em títulos públicos, que funcionam, disfarçadamente, indexadas à Selic. Uma queda na remuneração desses títulos significa uma queda na remuneração desse tipo de serviço.[46] E para complementar sua ausência

---

[44] Esses cálculos são difíceis, já que o conceito de sistema financeiro envolve uma rede de aglomerações (corretoras, consultorias, pequenos bancos, bolsas e os grandes bancos), de forma que essa estimativa é apenas aproximada.

[45] No final dos anos 1960 foi feita, pela ditadura militar, a reforma do sistema financeiro brasileiro, com a criação do complexo financeiro conglomerado, que constituiu a matriz do complexo tal qual o conhecemos hoje. No início dos anos 1970, ao analisar os primeiros resultados dessa reforma, Tavares (1975, p. 214 e 216) concluiu que "a despeito de ter resolvido de forma relativamente heterodoxa os problemas fundamentais de liquidez ou de financiamento corrente das empresas, do déficit governamental e do financiamento do consumo, não parece ter logrado um aumento substancial da taxa de poupança interna. [...] Notadamente, o financiamento de longo prazo a setores e áreas prioritárias continuou dependendo, basicamente, de fundos especiais, estrangeiros ou públicos, ligados às agências de desenvolvimento, nacionais ou regionais". Ou seja, mais de 30 anos depois dessa avaliação pioneira, o sistema financeiro brasileiro continua com a mesma deficiência estrutural.

[46] Roberto Setúbal, presidente do Itaú, o maior banco brasileiro, em declaração recente disse que a remuneração principal do Itaú, com alta rentabilidade, tornaria aconselhável melhorar os *spreads* dos empréstimos

dos financiamentos de longo prazo, utiliza a disponibilidade de recursos em títulos da dívida pública.

Olhando o problema a partir de um panorama mais amplo, é bem possível que os títulos públicos representem cerca de 70% do PIB e mais de 22% do patrimônio privado brasileiro.[47] Esse valor, relativamente alto, torna-se muito maior dentro do sistema financeiro, provavelmente algo entre 40% e 50% do seu total de ativos líquidos. Assim, o sistema financeiro, seja na forma da posse direta, seja na indireta, é altamente dependente das vicissitudes da rentabilidade e solvência da dívida pública, o que torna sempre recomendável retomar diretamente o comando econômico do Estado brasileiro, sem coabitação ou intermediários.[48]

Esse predomínio e hegemonia da Banca no Brasil, que lhe garante altas taxas de crescimento num país pobre e estagnado há mais de 30 anos, não tem precedentes no mundo. Em termos de taxas de juros, o inusitado não consiste apenas nos juros finais, para o tomador, e sim o seu ponto de partida, os juros da dívida pública, que, em sua longa permanência temporal, são os mais altos do mundo. Mais grave ainda, por meio das tristes e famosas operações compromissadas, os juros de curtíssimo, curto e médio prazo são permanente e estruturalmente os maiores do mundo, constituindo a principal "jabuticaba" brasileira.

---

e financiamentos, para que possam se aproximar um pouco mais em rentabilidade dos serviços. É claro que ele não mencionou ou discriminou quais serviços de fato garantem essa sua maior rentabilidade.

[47] Não existe uma estimativa do patrimônio privado no Brasil. Entretanto, com base no estudo de Piketty (2014), estima-se entre seis e sete vezes o PIB dos países ricos, com base em sua estimativa para alguns países emergentes esta relação estaria em cerca de três vezes o PIB.

[48] No começo do governo Lula, em 2003, a coabitação foi totalmente favorável à Banca, assumindo diretamente o BC, por intermédio de Meirelles, mas também o Ministério da Fazenda, por intermédio de Palocci. Afortunadamente para Lula e para a esquerda, depois que o PIB cresceu modestos 2,9% em 2005, em pleno *boom* das commodities, o que recomendaria a imediata demissão de Palocci (o ideal é que fosse a do Meirelles também), os tucanos, via MP de SP, um dos seus prepostos, investigaram-no em sua administração de Ribeirão Preto, culminando em sua demissão, o que de fato deu origem ao governo Lula, em março de 2006, no momento limite para que fosse viável a reeleição. Com Dilma, a coabitação tornou-se ainda mais desfavorável à Banca, na medida em que Alexandre Tombini, então novo presidente do BC, era um funcionário de carreira, não orgânico do sistema financeiro, o que sugere condições de controle da política econômica mais favoráveis do que nos primórdios de 2003. Cabe registro ainda que os tucanos também ajudaram Dilma, na medida em que, em 2011, a prefeitura de SP, na época comandada pelo conglomerado DEM/PSDB, vazou os dados do ISS de Palocci, o que causou a sua demissão da poderosa Casa Civil. Infelizmente, esse grau de liberdade do primeiro mandato completo de Dilma foi muito mal utilizado.

Assim, não é possível construir um Estado Social no Brasil contando apenas com sorte, mistificações e ciclo internacional favorável, passando ao largo da hegemonia ideológica e política da Banca, que detém o controle da mídia, do governo e de segmentos decisivos do aparelho de Estado, como o MP e o Judiciário. Ela é a dona de fato e de direito – ao qual se atribui, em função de sua propriedade da dívida pública – do Estado brasileiro. Com isso, ela impõe, com um descarado discurso privatista, um processo de acumulação de capital baseado, quase unicamente, no Estado, lembrando, em todos estes aspectos, o Portugal salazarista.[49]

Num panorama mais geral, um projeto de desenvolvimento econômico e social do Brasil teria como agenda primeira o abandono de um governo de coabitação, tirando a economia do círculo vicioso salazarista, que leva a lugar nenhum, a não ser à estagnação. E, em termos de política econômica, a missão número 1 seria resolver definitivamente a questão dos juros, especialmente a sua *duration*, que impõe altas remunerações para aplicações de curtíssimo, curto e médio prazos, contaminando e encarecendo toda a estrutura de juros da economia, além de inviabilizar, em termos fiscais, o Estado brasileiro.

---

49 O longo período salazarista em Portugal durou 47 anos (de 1928 a 1975) e, ao contrário de outras ditaduras que se instalaram no continente no período, ela tinha uma visão econômica extremamente conservadora, administrando o Estado para a Banca e apaniguados, com o discurso do controle fiscal e da inflação – na prática, controle da inflação à custa do controle dos gastos sociais – devolvendo para a Banca e apaniguados os ganhos desse assalto ao Estado. Em termos políticos, é plausível que, pela atávica e estrutural influência cultural que Portugal sempre teve no Brasil – algumas positivas e outras, como esta, negativas – o modelo salazarista é, afinal de contas, aquele em que o grupo Globo e outros componentes do PIG, e principalmente a Banca profunda, acreditam. Nesse sentido, a própria ditadura militar, que adquiriu autonomia própria, especialmente na economia, seria disfuncional, melhor sendo um Estado com uma ditadura suave. No Portugal salazarista, por exemplo, existia um parlamento, embora manietado pelo judiciário e pelo executivo, com soluções *ad hoc* em cada uma das situações. Para problemas e contestações mais extremas, que escapassem ao controle legal, a polícia, ao arrepio das leis e das regras da própria ditadura, era a solução. Infelizmente, parafraseando a profecia de Chico Buarque, corre-se o risco de o "Brasil tornar-se um imenso Portugal" (salazarista). Finalmente, isso vem ao encontro de um diagnóstico de Sérgio Buarque de Holanda em *Raízes do Brasil*, sobre a vocação atávica do brasileiro cordial (em especial as elites) para o patrimonialismo quase sem disfarces. Infelizmente, os vaticínios não muito otimistas de pai e filho estão se tornando realidade no Brasil. A semelhança com o salazarismo, entretanto, tende a ser mais econômica do que política, uma vez que falta ao Brasil, seja no período militar, seja nos dias atuais, "um aparelho de inculcação ideológica autoritária, estatista, mergulhado no cotidiano das pessoas [...] com o propósito de criar esse particular 'homem novo' do salazarismo" (ROSAS, 2001, p. 1031). Esse 'homem novo' do salazarismo ajudou a dar longevidade a um regime autoritário de direita, e não propriamente fascista, seguindo a interpretação de Pinto (1992).

5.2. Rompendo com a estrutura regressiva dos impostos

Thomas Piketty (2014), em sua monumental obra *O capital no século XXI*, conclui que a contradição fundamental do capitalismo é a tendência de que a taxa de retorno do capital (**r**) supere o crescimento da renda nacional (**g**), fazendo com que a renda se concentre indefinidamente, "espremendo" a parcela da maior parte da população. Depois de avaliar que foram as duas grandes guerras mundiais que impediram, pela destruição de patrimônios, que tal desigualdade fosse aumentada, ele constata que, a partir dos anos 1980, a contradição **r > g** (**r** maior que **g**) voltou a se manifestar e se materializar em um novo ciclo de concentração de renda. Ele afirma que

> "[...] a (re)ascensão da desigualdade depois dos anos 1970-1980 se deveu, em parte, às mudanças políticas ocorridas nas últimas décadas, principalmente no que tange à tributação e às finanças. A história da desigualdade é moldada pela forma como os atores políticos, sociais e econômicos enxergam o que é justo e o que não é, assim como pela influência relativa de cada um desses atores e pelas escolhas coletivas que disso decorrem. Ou seja, ela é fruto da combinação, do jogo de forças, de todos os atores envolvidos".[50]

Entre as suas conclusões para mitigar esse mal, depois de descartar uma taxação linear sobre o capital, ele se direciona à taxação progressiva: "A melhor solução é o imposto progressivo anual sobre o capital. Com ele, é possível evitar a espiral desigualadora sem fim e ao mesmo tempo preservar as forças de concorrência e os incentivos para que novas acumulações primitivas se produzam sem cessar".[51]

A ideia de uma taxação progressiva sobre o capital é antiga e apresenta vários caminhos. A mais geral e mais justa seria a taxação progressiva sobre o patrimônio, considerando todos os ativos dos proprietários de capital, o que, como o próprio Piketty constata, suporia uma situação internacional consensual, pelo menos entre os

---

[50] PIKETTY, Thomas. *O capital do século XXI*. São Paulo: Intrínseca, 2014. p. 27.
[51] Id., p. 556.

principais países, sobre a necessidade desse imposto, o que constitui uma impossibilidade, pelo menos em curto e médio prazo. Para a situação do Brasil, uma economia periférica, onde boa parte do capital é estrangeiro e a parte nacional, com certa facilidade, migra e transmuta-se em capital multinacional, as soluções têm de ser específicas, em função de sua eficácia e funcionalidade.

Uma medida, de solução simples, tecnicamente já contida na legislação tributária, seria utilizar o Imposto sobre Operações Financeiras (IOF) na tributação de títulos e valores mobiliários de curtíssimo, curto e médio prazos. Com um ato do presidente, seria possível remodelar o Decreto 4.994/2002, aumentando significativamente a alíquota do IOF para aplicações com prazo inferior a cinco anos. No limite, operações muito curtas (por exemplo, menos de seis meses) pagariam uma alíquota que deixaria, por exemplo, não mais do que 2% ao ano de rendimento, valor que iria gradativamente subindo, especialmente para prazos superiores a dois até cinco anos, quando a alíquota seria zerada. Essa utilização do IOF cumpriria duas funções: uma regulatória, ao desincentivar a preferência pela liquidez, e a outra de arrecadação, na prática progressiva.[52] Assim, ao mesmo tempo em que torna possível o Banco Central do Brasil (BC) continuar com as operações compromissadas, mantendo a necessária liquidez dos títulos públicos, levam-se as taxas líquidas de curto prazo para baixo – a ponta inferior da curva de juros – o que, em alguma medida, reduz as aplicações com maior *duration* – a ponta superior da curva de juros. Essa medida, tecnicamente simples, não necessita de lei, mas apenas de um decreto. Politicamente, produziria apenas ruído promovido pela Banca, pelos seus economistas-ideólogos e pelos seus apoiadores empoleirados no PIG.

Com um custo fiscal dos juros significativamente mais baixo, o nível do esforço pelo resultado primário deverá cair, podendo ser um bom ponto de partida para afrouxar a pesada carga tributária regressiva. Antes disso, seria importante avançar na busca de mais impostos com características progressivas.

---

[52] Pelo fato de que, no conjunto das camadas sociais, o poupador típico situa-se nos estratos da classe média alta para cima.

O mais importante deles é, sem dúvida, o Imposto de Renda, cujas possibilidades, enquanto imposto progressivo, são enormes, a despeito de deficiências provocadas pela mobilidade locacional do capital e das pessoas, restringindo-o enquanto tributo sobre as grandes fortunas. Mesmo assim, parte dessas deficiências pode ser mitigada, sendo inaceitável que a alíquota marginal máxima (27,5%) esteja muito abaixo daquela dos principais países da Europa, ou mesmo dos Estados Unidos, em sua longa fase de predomínio republicano na Câmara dos Deputados, a partir do governo Reagan.[53] De fato, não há nenhuma razão para que não se trabalhe com uma taxa marginal para as rendas mais altas, com algo como 50%, para aquelas acima de 60 salários mínimos, descendo-se gradativamente a escada até os 27,5%, que poderiam corresponder, por exemplo, a rendas até 25 salários mínimos.

O difícil, neste caso, seria como fazer justiça tributária, já que as camadas mais abastadas vivem de rendas cuja origem já tem uma tributação com alíquota fixa – o lucro das empresas – ou exclusiva, que é a tributação da renda fixa,[54] sendo que os dividendos (renda variável) são isentos.[55] Uma proposta que poderia ter alguma eficácia seria incluir o dividendo recebido pela pessoa física em sua renda tributável, compensando-se o imposto já pago como IR pessoa jurídica, exclusive a Contribuição sobre o Lucro Líquido (CSLL). Os dividendos recebidos por pessoas jurídicas, por exemplo, uma *holding*, deveriam estar sujeitos à mesma tributação progressiva, exceto nas situações em que fossem formalmente incorporados como capital.[56]

---

[53] Depois de um longo período em que a alíquota marginal para as rendas mais elevadas girava em torno de 80%, a partir dos anos 1980 baixaram até uma mínima de 28%, no governo Reagan, situando-se em período mais recente em 40%.
[54] A renda fixa teria, além dos valores fixos do Imposto de Renda (IR), os valores variáveis do IOF segundo a *duration*, que poderia diminuir significativamente a sua remuneração líquida, reduzindo a sua importância nas chamadas rendas de capital.
[55] A ideia é que os donos dos dividendos já pagaram o IR, ao serem indiretamente tributados dentro da empresa. Por outro lado, os dividendos recebidos na forma de juros do capital próprio, que reduzem a base de lucros oferecidos à tributação, vêm tendo uma tributação fixa de 15%.
[56] Isso evitaria a elisão fiscal, a partir do uso de outras pessoas jurídicas. As remessas de lucro, nessa situação, pagariam, inevitavelmente, essa tarifa progressiva, já que a *holding*, mesmo que viesse a capitalizar o dividendo remetido, estaria fora do país.

Uma terceira possibilidade estaria na reativação da Contribuição Provisória sobre Movimentação Financeira (CPMF), a ser transferida para estados (75%) e municípios (25%), seguindo o peso proporcional da população de cada um desses entes federativos no país. Para mitigar alguns aspectos que a tornam regressiva, seria necessário aumentar o teto de isenção para pessoas físicas e jurídicas,[57] bem como proceder a um desconto de até 50% da alíquota para algumas atividades da Classificação Nacional de Atividades Econômicas (CNAE), previamente selecionados do comércio e da indústria. Como contrapartida, os estados deveriam zerar o ICMS sobre os itens da cesta básica, bem como o do consumo de energia residencial até um teto baseado numa média de consumo de 12 meses.[58] Para os municípios, seria exigido zerar o Imposto Sobre Serviços (ISS), em alguns itens de serviços que oneram o custo de vida, notadamente sobre o transporte urbano, que já é isento em algumas capitais. No conjunto dessa troca CPMF *versus* ICMS e ISS, seria possível esperar uma redução líquida da regressividade da carga tributária geral, que se somaria à redução dos impostos indiretos federais.

Em contrapartida para os estados e municípios, poderia ser criado mais um imposto progressivo sobre imóveis urbanos e rurais. Na verdade, com base no cadastro do Imposto Territorial Rural (ITR), e do Imposto Predial e Territorial Urbano (IPTU), seriam somadas todas as propriedades dentro do país, estabelecendo-se um patamar mínimo de isenção e compensando-se os valores pagos como IPTU e ITR.[59] A cobrança ficaria a cargo da Receita Federal,

---

[57] Por exemplo, R$10.000,00/mês.
[58] Um nível de consumo médio em 12 meses de 250 kWh seria um valor que abrangeria com facilidade mais de 90% das residências brasileiras, o que impactaria de forma muito positiva os índices de custo de vida.
[59] Por exemplo, R$ 4 milhões poderia ser o teto para isenção. A partir desse valor de patrimônio, seriam estabelecidas alíquotas na margem, começando, por exemplo, com 0,5% e terminando em níveis muito altos como mais de R$ 50 milhões, que pagariam alíquotas de 2%. O imposto valeria para as pessoas físicas, verificando-se sempre o Cadastro de Pessoa Física (CPF) dos proprietários para cada imóvel. Quando o imóvel for de propriedade de uma pessoa jurídica, vai se verificar o CPF dos proprietários da pessoa jurídica, cuja cota no imóvel se somará a outras cotas ou propriedades diretas de imóveis, para efeito do cálculo da progressividade. Quando a propriedade dos imóveis for de uma Sociedade Anônima (S/A), com ações em Bolsa, ou empresas estrangeiras, o imposto será cobrado da

que a distribuiria em 100% a estados (75%) e municípios (25%), segundo a sua população.[60]

Alternativas poderiam ser criadas, mas essas mencionadas seriam suficientes para atenuar bastante o caráter regressivo da carga tributária, reduzindo a sua cancerosa incidência sobre a inércia inflacionária. Além do mais, poderíamos sair definitivamente do círculo vicioso salazarista, criando as bases para o Estado brasileiro agir de forma sustentável[61] em prol do desenvolvimento econômico e social.

5.3. Desenvolvendo a base econômica do país e sua infraestrutura

Existem dois pré-requisitos fundamentais para o desenvolvimento econômico de um país: o desenvolvimento sistemático da sua base econômica, cujo pressuposto fundamental é a existência de atividades não-básicas, as quais são necessárias, por vezes imprescindíveis, para a dinamização da primeira, a básica.

Utilizando uma terminologia mais atual, já que as definições acima vieram de antigos conceitos de economia regional dos anos 1950 e 1960, seria possível dizer que a base econômica é constituída por todas aquelas atividades comercializáveis *(tradables)* num espaço externo ao da própria região ou país. Nesse sentido, elas podem ser tanto bens transportáveis, como as commodities e manufaturas, assim como serviços financeiros, administrativos, de tecnologia da informação e viagens (turismo), configurando um conjunto de negócios estratégicos para o país. Essas atividades não se confundem exatamente com as exportações, podendo, por exemplo, ser uma atividade comercializável pouco exportada, mas importante concorrente de eventuais importações. Por outro lado, as atividades

---

pessoa jurídica. Por outro lado, a residência da pessoa física ou jurídica (no caso das S/A ou empresas estrangeiras) nunca será o fato gerador do imposto e sim o imóvel e sua localização em determinado município e estado. A inadimplência geraria uma dívida do imóvel, correspondente à sua participação no patrimônio imobiliário dentro do país de residência da pessoa física ou jurídica.

60 Por uma série de razões, é imprescindível que tal imposto venha a ser cobrado pela Receita Federal, incluindo, por exemplo, uma comissão para ressarcir seus custos.

61 Esse termo infelizmente tem sido mal utilizado no ambiente político, mas pareceu-me, aqui, necessário.

não básicas seriam aquelas não comercializáveis (*non-tradables*) num espaço externo de uma região ou país, as quais seriam compostas por uma ampla rede de serviços e bens pouco transportáveis. Muitos deles são formados por aglomerações de micro, pequenas, médias e grandes empresas, as quais podem transmutar-se em atividades eventualmente comercializáveis.

O importante a assinalar é que essas duas dimensões do desenvolvimento são intrinsecamente interligadas, sendo que uma é pré-requisito para a outra: sem as atividades não básicas, até mesmo uma prosaica produção de commodities pode se tornar inviável em termos locacionais, caracterizando um custo-país, ao mesmo tempo em que um crescimento desproporcional (maior) das não básicas em relação às básicas (menor), a longo prazo, pode gerar uma crise, em geral com o estouro de bolhas financeiras, como tem ocorrido ao longo da história do capitalismo.[62]

Embora intrinsecamente interligadas, as características econômicas desses dois tipos de atividades são muito distintas entre si e, internamente, em cada subconjunto. Para começar, as atividades básicas dependem diretamente de sua competitividade internacional. Esta, por sua vez, pode depender, por exemplo, da dotação de recursos naturais, da qualidade locacional e da capacidade financeira e tecnológica de suas empresas manufatureiras, da qualidade aglomerativa (produtiva) e da qualidade de seus centros urbanos para constituírem sede de grandes empresas, e, claro, de sua inserção macroeconômica, que definirá se o custo-país será baixo (ou pelo menos abrandado) ou se, ao contrário, será exposto e realçado na competição com os outros países.[63]

Por outro lado, as atividades não básicas, embora dependam estruturalmente do crescimento das básicas, apresentam dinâmicas

---

[62] As atividades imobiliárias são típicas nesse aspecto, já que configuram uma atividade não básica extrapolando, em sua dinâmica de crescimento, até o momento de ficar visível a sobreoferta que levará ao estouro da bolha e à crise financeira, afetando o conjunto da economia.
[63] Por inserção macroeconômica estou me referindo aos juros internos, à carga de impostos indiretos, à tributação das importações, às isenções (de impostos) para as exportações e ao nível do câmbio e à política cambial.

muito diferenciadas, desde prosaicas atividades de comércio e serviços desenvolvidas normalmente pelas empresas privadas de diversos tamanhos até áreas socialmente decisivas, como a saúde, ou estratégicas, como a educação, cuja dinâmica depende fortemente do Estado. Estas últimas, aliás, constituem um desafio permanente de alocação de recursos fiscais e de gestão e governança. No meio do caminho temos a infraestrutura, que, por questões da eficiência propiciada pela governança, deveria ser privada. Entretanto, por exigirem grandes investimentos em capital fixo, apresentam taxas de retorno diversas, algumas poucas acima das praticadas pelo mercado brasileiro (sempre mais de 10% ao ano) e grande parte muito abaixo desse nível, chegando algumas ao nível zero ou negativo. Nesse sentido, a pergunta que se impõe em relação à infraestrutura é como se poderiam acelerar os investimentos, rompendo o seu nível historicamente muito baixo e contando com a governança privada para executá-los, em vez da ação direta do Estado? Em outras palavras, como realizar um salto no nível de investimentos com um custo fiscal relativamente baixo?

Quanto à base econômica, a pergunta que se impõe é a seguinte: além das vantagens comparativas propiciadas por sua dotação de recursos naturais, que permite ao Brasil ser grande produtor e exportador de commodities, qual deveria ser a política para dinamizá-la, diversificando-a?

Uma das possibilidades de sua diversificação seria o turismo, cujo desenvolvimento depende fundamentalmente da melhora da infraestrutura urbana brasileira, ao lado da garantia de um câmbio competitivo e estável. A outra possibilidade no setor de serviços seria transformar as duas metrópoles nacionais brasileiras (principalmente São Paulo e Rio de Janeiro) em centros administrativos e financeiros, com circulação internacional. Nesse caso, além da melhora da infraestrutura urbana, essas metrópoles passariam a sediar um grande número de grandes empresas brasileiras, as quais seriam a base de sustentação de uma grande Bolsa de Valores, que daria um verdadeiro salto em relação a seu nível incipiente e acanhado dos dias atuais. Por último, uma terceira possibilidade seria relançar a indústria brasileira, uma tarefa tão complexa quanto as duas alternativas apontadas anteriormente.

O economista Eugênio Gudin, notório adversário da indústria brasileira, no passado,[64] assim como vários modernos salazaristas, representando a Banca, em pleno século XXI, diriam que o Brasil deveria seguir a sua vocação, não se obrigando a realizar nenhuma ação protecionista que viesse a tornar a economia ineficiente, perdendo os benefícios do comércio internacional. Essa posição, que fez muitos adeptos na fase de alta do *boom* de commodities recente, foi, na prática, a política predominante em todo o período petista, com ações isoladas, algumas sistemáticas, outras inócuas, em favor do adensamento da pauta de exportações ou da substituição de importações.[65] Com isso, a indústria regrediu, com perda de competitividade, reduzindo a densidade das cadeias produtivas e o empobrecimento (de uma outrora mais diversificada) pauta de exportações.

Como retomar, nos novos tempos, uma política de industrialização que não contenha os velhos problemas da política de substituição de importações dos anos 1950, 1960 e 1970? Como evitar ou mitigar o problema da escolha de vencedores na montagem de uma política industrial? Como enfrentar a questão cambial, que tem sido letal para a indústria? Como enfrentar a descapitalização e virtual falência dos empresários da indústria?[66]

---

[64] Eugênio Gudin, patriarca dos economistas neoliberais do Brasil, foi o grande adversário ideológico, nos anos 1930 a 1950, do processo de industrialização, sendo o principal contendor de Roberto Simonsen, o líder e inspirador da indústria nascente brasileira.

[65] Entre as ações isoladas está a política de conteúdo nacional, aplicada pela Petrobras, destruída agora, em poucos meses, pelo governo Temer. Entre as ações sistemáticas, algumas foram resultado do trabalho dos ministérios e agências regulatórias com o BNDES, especialmente o MDIC e o Ministério de Minas e Energia (MME). Entre elas, está a política de apoio às exportações de serviços de engenharia e bens de capital, com destaque para as aeronaves da Embraer. Além do mais, a persistência do Finame (linha de financiamento de bens de capital do BNDES) tem permitido que "o país das commodities agrícolas" desenvolva aqui a produção de máquinas e equipamentos utilizados na agropecuária, uma vez que, infelizmente, boa parte dos insumos utilizados no setor (fertilizantes e defensivos) é importada.

[66] Tentaremos sugerir algumas respostas para essas perguntas no item 6.2. As políticas heterodoxas recentes. p. 71.

Em resumo, as ações são muito diferenciadas e complexas, pressupondo: i) a realização de um salto da infraestrutura; ii) a criação de grandes empresas nacionais e o desenvolvimento da Bolsa de Valores; iii) garantir condições macroeconômicas competitivas (o câmbio, sobretudo) para o turismo e para a própria indústria manufatureira; e iv) promover um verdadeiro relançamento desta última. Parece impossível, mas vem sendo tentado, com relativo sucesso por vários países emergentes, como a Coreia e, agora, a China.

6 Garantindo um câmbio para a indústria para (re)dinamizar a base econômica

6.1. Por que uma desvalorização cambial não é sustentável em longo prazo no Brasil?

É consenso entre a grande maioria dos analistas da cena econômica que o câmbio financeiro sobrevalorizado é um dos grandes males que fustigam a indústria de transformação brasileira desde o advento do Plano Real, há 22 anos. Sua situação, que nunca fora brilhante desde seu nascimento nas primeiras décadas do século passado, passou a ser de um lento, gradual e progressivo definhamento. Na atual conjuntura, como já ocorrera em vários momentos desses 20 anos (por exemplo, em 1999, 2003 e 2009), renova-se a esperança de que, à luz de um antigo e recorrente problema brasileiro – o déficit estrutural de transações correntes e a pressão cambial dele decorrente –, o câmbio financeiro devolva um patamar minimamente competitivo para a indústria. Isso é o que esperam todos os desenvolvimentistas, liderados há muitos anos pelos decanos dessa linhagem econômica Luiz Bresser Pereira e Yoshiaki Nakano.[67]

Embora me considere desse agrupamento, deve-se ponderar que a solução da competitividade da indústria via câmbio financeiro é uma esperança vã, em função de pelo menos duas razões principais. Uma primeira diz respeito a uma antiga herança cultural brasileira, que nos acompanha desde dom João VI, criador do câmbio brasileiro: as autoridades econômicas de nenhum governo, seja no Império, na República Velha, no Estado Novo, no período democrático até 1964, na ditadura e todos os governos da Nova República, nunca estão dispostas a bancar uma desvalorização cambial por livre arbítrio (não aquela determinada e sancionada pelo mercado), podendo, sim, ao contrário, bancar uma valorização cambial na primeira oportunidade em que o mercado financeiro internacional assim o permitir. A razão, política e cultural, é que um câmbio financeiro desvalorizado significa sacrifício de todos ou de muitos e que, uma vez não assimilada, transforma-se em inflação inercial, com ares de conflito distributivo.[68] É como se as autoridades econômicas de todos os governos fossem, no fundo, uma versão *soft* do governo do presidente Dutra, talvez um pouco injustamente conhecido como o Marechal Ioiô, por esbanjar divisas e jogar fora 15 anos de esforço de industrialização, dos anos 1930 até o fim da Segunda Guerra Mundial.

Uma segunda razão é que uma desvalorização cambial permanente (ou pelo menos por um período suficientemente longo para permitir o relançamento sistemático do investimento industrial) não é tecnicamente sustentável. Imagine-se, por exemplo, a conjuntura do final de 2014, em que a estratégia da então futura equipe econômica funcionasse, assimilando-se a atual (e futura) desvalorização cambial, aumentando-se

---

[67] Pereira (2010) e Nakano apud Assis (2014) defendem a necessidade estrutural de um câmbio competitivo para a indústria brasileira desde os anos 90 do século passado, representando uma importante liderança intelectual do campo desenvolvimentista.

[68] Além do conflito distributivo, no qual as rendas mais baixas tendem a levar a pior, os proprietários de ativos financeiros nacionais, com destaque para o complexo financeiro ao qual aqui temos nos referido com o nome fantasia de Banca, estão automaticamente desvalorizados, com uma eventual desvalorização cambial, o que faz com que tais grupos estejam sempre alinhados com a maior apreciação cambial possível.

o desemprego e reduzindo-se os salários reais. Com a queda desse preço relativo, a inflação estará assimilada, e a economia, impulsionada também pela indústria de transformação, voltaria a crescer. Ao final, os salários reais voltarão a subir, em função da volta do crescimento e do emprego, e, possivelmente, o câmbio iniciará um movimento de valorização do real, puxado por uma melhora em transações correntes. De duas, uma, ou ambas: ou as autoridades econômicas deixam o câmbio deslizar e se valorizar, ou tentam segurar a inflação, com as políticas monetária e fiscal. E assim haverá uma parada no crescimento, estancando o incipiente processo de recuperação industrial. Acrescente-se, no caso do Brasil, o alto custo fiscal de formação de reservas para a sustentação do câmbio, o que poderia ser apenas parcialmente mitigado com uma pretendida redução dos juros da dívida pública.[69]

Assim, denominando-se a primeira razão de política e a segunda de técnica, pode-se afirmar com certa segurança que o processo de desvalorização cambial, como o de 2014 e 2015, terá, mais uma vez, vida efêmera, não sendo sustentável mesmo em médio prazo. Aliás, isso ocorreu nos cerca de dois anos e meio do governo Temer e vem se repetindo nos primeiros meses de governo Bolsonaro.

6.2. As políticas heterodoxas recentes

Como foi observado no capítulo 6, com o início do ciclo da crise internacional, no final de 2008, executou-se, no Brasil, um conjunto de medidas anticíclicas: a intensificação do Programa de Aceleração do Crescimento (PAC) e do Minha Casa, Minha Vida, programas que já vinham desde 2006 e que coincidiram com a substituição de Palocci por Guido Mantega no Ministério da Fazenda; isenção de IPI para bens duráveis, especialmente automóveis; e o PSI, uma linha de financiamento para aquisição de bens de capital e inovação, com juros supersubsidiados.

---

[69] Os cerca de US$ 370 bilhões das reservas brasileiras atuais têm um custo anual fiscal em torno de R$ 100 bilhões, o que significa que uma política de longo prazo, de sustentação de um câmbio financeiro desvalorizado, trabalharia com um nível de reservas (e um custo fiscal) muito maior, mesmo na hipótese de uma redução estrutural dos juros da dívida pública.

Até 2010, o "pacote" anticíclico funcionou amparado pelos investimentos, que voltaram a crescer, pela desvalorização do câmbio e pelo "trancamento" das linhas de crédito do comércio internacional. Mas, já no final de 2010, com a volta do crédito internacional e do processo de valorização do real, a indústria reiniciou a sua trajetória de definhamento. Depois de várias tentativas de reanimação, com idas e vindas das isenções de IPI, ajustes, com aumento e redução de juros do PSI, e a gradual, mas sempre insuficiente retomada do processo de desvalorização cambial, desde meados de 2012, chegou-se à situação atual, em que, a despeito do enorme esforço fiscal despendido, a indústria prosseguiu em sua trajetória de definhamento. Qual é de fato o seu problema?

Na verdade, a indústria precisa fundamentalmente (mas claro que não unicamente) de preços e, consequentemente, de margens e lucratividade, por um período suficientemente prolongado, fatores que nenhum dos programas acima, além de desvalorizações cambiais episódicas (e a meia bomba) são capazes de fornecer. A indústria não precisa de "meias medidas" improvisadas, mas de medidas completas, significativas e definitivas que lhe restaurem, a médio e longo prazo, a competividade básica, não apenas no mercado interno, como também no externo. É daí que nasce a ideia de um câmbio, único e exclusivo, para a indústria.

6.3. A necessidade de um câmbio para a indústria

Como a política de "múltiplos câmbios" formal tem recorrentes problemas técnicos e operacionais, no Brasil ela foi definitivamente substituída nos anos 60 do século passado. A maioria dos países pratica câmbios setoriais para os vários segmentos *tradables*, seja por meio de impostos de importação, seja de incentivos fiscais às exportações. O critério para julgá-los é a sua eficácia/ineficácia relativa, que depende do seu impacto nos preços relativos, eventualmente na inflação, no adensamento (ou não) das cadeias produtivas e, em última instância, na capacidade de gerar competitividade básica de segmentos ou setores, seja no sentido da proteção em relação à competição externa, seja no sentido de produzir exportações e intercâmbio com o resto do mundo. Adicione-se a tais parâmetros o impacto e a sustentabilidade fiscal. Por tais critérios, pode-se afirmar que, muito embora haja uma diversidade de medidas de proteção e de incentivo às exportações no Brasil, o resultado prático tem sido ruim, protegendo poucos e de forma desequilibrada, com o (des)adensamento sistemático das cadeias produtivas e a incapacidade crescente de competir (no próprio mercado interno) e exportar para o resto do mundo.[70]

Assim, por exemplo, o setor automotivo, que é excessivamente protegido no segmento das montadoras – impostos para a importação de 65% –, não estende tal proteção ao setor de autopeças. Além do mais, ambos (montadoras e cadeia produtiva do setor automotivo) não têm praticamente incentivo relevante para exportar. De forma diversa, o setor de bens de capital é pouco protegido (impostos de importação abaixo de 15% e, mesmo assim, ainda submetidos ao ex-tarifário), além de poucos incentivos para as exportações. Por isso, a procura de um câmbio para a indústria deveria, em primeiro lugar, ser abrangente, alcançando todos os setores *tradables* da indústria de transformação em que o Brasil tenha déficit comercial. Em segundo lugar, o setor protegido tem de ter um incentivo do mesmo calibre para exportar, uma vez que o objetivo final do câmbio não é a transformação do Brasil numa autarquia, e voltar aos anos 50 do século passado, mas, ao contrário, dar-lhe condições competitivas para uma integração mais favorável com o resto do mundo, importando e exportando em intensidades semelhantes.

---

[70] Como já observado, a Lei Complementar nº 87, de 13 de setembro de 1996, a "famigerada" Lei Kandir, que dispõe sobre a isenção do ICMS para exportação de matérias-primas, replicada no nível federal para o PIS-Cofins, privilegia as mineradoras e a agropecuária em detrimento da indústria.

6.4. Uma proposta de câmbio para a indústria

De certo modo, os impostos de importação, quanto menos abrangentes forem, mais podem produzir distorções, sendo uma das principais a maquiagem (viabilizada pelo subfaturamento), um mal que vem assolando a indústria brasileira. Por essa razão, o melhor tipo de aplicação de um imposto de proteção seria aquele abrangente, abarcando horizontalmente muitos setores e, verticalmente, a totalidade, ou quase a totalidade, das cadeias produtivas. Além do mais, para se evitar quase completamente a possibilidade de maquiagem, o imposto deveria ser não cumulativo, cobrado não apenas dos importadores de determinado ramo industrial, mas das empresas aqui instaladas. Por sua vez, estas zerariam o imposto pago a partir de um crédito tributário gerado, tendo como base uma parametrização da folha de pagamentos da empresa. Assim, quem vier a ter uma folha normal nada pagaria, quem maquia (montadores) paga parcialmente, e o importador puro paga totalmente o imposto. Uma vez que ele não constitui, formal e tipicamente, um imposto de importação, seria preferível denominá-lo como um PIS-Cofins adicional, não cumulativo, com a utilização imediata de crédito tributário, definido a partir de uma parametrização da folha de pagamentos.[71]

Por outro lado, diferentemente do puro e simples protecionismo, a proposta deve contemplar um incentivo fiscal da mesma intensidade deste PIS-Cofins adicional para as exportações. Seu formato seria o de um crédito tributário também imediato, autorizado a compensar quaisquer impostos ou tributos federais devidos. A base legal teria como referência a Lei 12.844/2013 do Reintegra,[72] só que com alíquotas robustas. Por exemplo, se a alíquota adicional do PIS-Cofins adicional for de 20%, o Reintegra será de 20% do valor exportado, aproximando-se neste caso do Reintegra chinês, que chega a 18%,

---
[71] A parametrização seria específica para cada setor da indústria. O crédito tributário imediato significa que será feito sem a necessidade de uma consulta prévia à Receita Federal, que fiscalizará a sua conformidade *a posteriori*.
[72] Regime especial de Reintegração de Valores Tributários para empresas exportadoras.

mesmo com o câmbio financeiro por eles praticado (excessivamente desvalorizado).

No conjunto, todos os setores industriais contemplados teriam um câmbio desvalorizado em 20% em relação ao câmbio financeiro. Se, por acaso, este último se desvalorizar de forma significativa, o governo reduzirá a alíquota. Apreciando-se o câmbio financeiro, deve-se aumentá-la, de forma que, no longo prazo, mantenha-se o nível de competitividade cambial previamente pactuado. Com isso, a indústria terá um câmbio permanente, protegido da volatilidade e de incertezas do câmbio financeiro, abrindo o caminho para a retomada dos investimentos e o seu relançamento enquanto setor significativo da base econômica brasileira. Os benefícios de um programa desse tipo seriam inequívocos, além de, adicionalmente, trazerem um ganho tributário líquido que poderia chegar a US$ 30 bilhões.[73] Os efeitos colaterais seriam mínimos: uma inflação adicional, num primeiro momento, de 2% e o encarecimento dos bens de capital, sendo que ambos podem ser mitigados.[74]

Com a retomada dos investimentos na indústria, a agenda do próprio governo e, em especial, dos bancos públicos em relação à indústria mudaria substancialmente, evitando-se programas genéricos, com alto custo fiscal, como o PSI, em favor de programas com foco, cujo epicentro seria uma espécie de reengenharia de toda a indústria, inclusive com a sua (re)capitalização, depois de tantas décadas de definhamento. Não haveria um programa de inovação genérico, em que tudo é válido, até mesmo investimentos normais de atualização tecnológica das empresas.

---

[73] Ou seja, 20% do déficit comercial de cerca de US$ 150 bilhões no triênio 2012-2014, que representaria 1,5% do PIB. A ideia é que o custo do Reintegra para as exportações seria mais que compensado pelas importações, o que seria quantificado pelo déficit comercial da indústria.

[74] Seria possível reduzir significativamente a carga do PIS-Cofins tradicional sobre os principais itens que impactam a inflação, financiado pelo ganho de arrecadação do programa. Uma simulação com o IPCA mostrou que, gastando-se os cerca de US$ 30 bilhões com isenções do PIS-Cofins tradicional, o impacto inflacionário inicial deve ficar abaixo de 0,5%, havendo a possibilidade de ser zerado. Por outro lado, quanto aos bens de capital, considerando que este encarecimento reflete o que seria um câmbio justo, qualquer tipo de isenção deveria sair de outros impostos, a começar pelo próprio imposto de importação. Este argumento do câmbio justo é o que deveria ser utilizado junto à inevitável interpelação da Organização Mundial do Comércio (OMC), sendo que as alíquotas, do PIS-Cofins e do Reintegra, poderão ser até mesmo zeradas, no caso de um câmbio financeiro muito depreciado.

Ao inverso, uma inovação com foco teria como referência o mercado internacional, caminhando-se nas rotas tecnológicas factíveis para uma futura especialização industrial brasileira.

Por outro lado, novos mecanismos de financiamento têm de ser procurados, não apenas para atender às necessidades de (re)capitalização, mas para expandir e dinamizar as empresas de micro, pequeno e médio portes (MPMEs), que constituem a célula básica e fator de eficiência das grandes aglomerações econômicas: mecanismos republicanos – padronizados – de capitalização de renda variável,[75] Fundos de Investimentos em Direitos Creditórios (FDIC) e outros mecanismos não bancários de financiamento das cadeias produtivas.[76] Por último, um câmbio para o turismo, por suas especificidades, poderia ser garantido pela combinação da tributação, via IOF, de determinadas operações de compra de divisas, que financiariam a sua venda diretamente aos turistas estrangeiros no Brasil, no valor que viesse a tornar o turismo nacional competitivo.[77]

---

[75] Voltaremos ao tema no capítulo 8. A previdência complementar, de grande problema a solução para as principais dificuldades econômicas do Brasil. p. 85.
[76] Isso não exclui os produtos já em funcionamento e que devem inclusive ser expandidos, como, no caso do BNDES, o cartão BNDES, e do velho Finame.
[77] A ideia seria tributar as remessas unilaterais de divisas em 6,5%, mesma alíquota dos saques e gastos com cartão de crédito. As remessas unilaterais seriam aquelas que não corresponderam a uma entrada prévia de divisas, nem resultam da remuneração de renda fixa ou variável. Com esse recurso, o BC definiria um valor competitivo para o câmbio (subsidiando a diferença em relação ao preço de mercado) e o venderia, via sistema bancário brasileiro, apenas diretamente ao turista estrangeiro em viagem ao Brasil.

7 Construindo a infraestrutura para sair do círculo vicioso do subdesenvolvimento

7.1. A infraestrutura vem na frente

De modo geral, sem infraestrutura não é possível desenvolver nem mesmo prosaicas atividades básicas da agropecuária e/ou mineração. Na outra ponta do espectro econômico, sem infraestrutura urbana não se montam polos turísticos, administrativos e financeiros, ou, no limite da diversificação econômica, polos de tecnologia. Um relançamento da indústria, por exemplo, seria obstado ou muito dificultado pelos problemas da deficiente infraestrutura brasileira, especialmente logística. Sem *infra* não há base econômica, e sem esta não é possível viabilizar – pagar – a taxa de retorno e os custos dos empreendimentos. O rompimento desse círculo vicioso se dá pela infraestrutura, cujo investimento terá de adivinhar que tipo de base econômica poderia vir a se desenvolver no futuro e dar utilização minimamente razoável ao que foi investido.

Em regiões com grande densidade econômica, de renda, de pessoas e de empresas, formam-se nichos de oportunidades de investimento, onde o estrangulamento provocado pela base econômica corrente torna fácil a estimativa da taxa de retorno e de avaliação da rentabilidade do investimento. Quando esse investimento é privado, há uma verdadeira disputa pela concessão, pagando-se um ágio por ela.

Entretanto, o problema se inicia quando a base econômica corrente é insuficiente para garantir o retorno dos investimentos, devendo-se proceder a uma "adivinhação". Em muitas situações, uma avaliação bem-feita e realista resolve o problema e a decisão de investir é tomada. Há situações nebulosas, envolvendo elevado risco, que pode inviabilizar a taxa desejável de retorno, e outras em que, estruturalmente, o retorno do investimento está totalmente fora do seu limite temporal, necessitando-se mais tempo para que o investimento se pague, tornando totalmente inviável qualquer expectativa de alcançar a taxa desejável de retorno.

Até os anos 1980, no período da ditadura militar, podia-se dizer que quase todos os investimentos, até mesmo os que envolviam nichos, eram realizados pelo Estado, o que levou à quebra do Brasil. No período tucano, uma boa parte dos nichos foi privatizada, ficando as demais situações cinzentas sem uma definição, com pouquíssimo investimento diretamente estatal e nenhum investimento privado. Essa é a origem, por exemplo, do apagão tucano do racionamento da energia elétrica em 2001.

No período petista, essas situações cinzentas começaram a ser enfrentadas, como já analisamos anteriormente,[78] e os investimentos estavam em pleno andamento até o final de 2014, quando do agravamento da crise política, com a reeleição da presidenta Dilma, a Lava Jato e todos os desdobramentos posteriores. Entre os principais avanços, sublinha-se:

---

[78] Ver item 4.2. Ações corretas a serem aperfeiçoadas. p. 39.

1. Financiamento pelo BNDES dos novos investimentos, deixando de lado sua política na década anterior até 2002, de financiador da riqueza velha;[79]

2. A parceria com os fundos de pensão paraestatais, para o aporte de capital nos investimentos relevantes, especialmente em grandes empreendimentos, como Belo Monte, em oposição ao seu papel no período anterior, de parceiro nos negócios de privatização da riqueza velha;

3. A criação das Parcerias Público-Privadas (PPPs), que foram e são fundamentais para a viabilização da governança privada nos empreendimentos cuja baixa taxa de retorno tornaria inviável a participação do setor privado.

Estes dois últimos pontos, entretanto, tiveram soluções apenas episódicas, carecendo de uma sistematização tanto para a utilização maciça das PPPs quanto para a extensão e padronização das parcerias com os fundos de previdência complementar (não apenas para os fundos fechados ligados às empresas estatais).

---

[79] Deve-se sempre lembrar que a TJLP (o custo financeiro dos financiamentos a juros subsidiados do BNDES, ao qual se somam os *spreads* que remuneram o banco) estava em 13% ao ano no final de 2002. A partir de 2010 até 2014, seu nível ficou em torno de 6% ou um pouco abaixo. Acrescente-se que os *spreads*, no mesmo período, caíram de cerca de 4% ao ano para algo em torno de 2,5% anuais, no período mais recente, de forma que os juros nominais médios, cobrados pelo banco, saíram de cerca de 17% ao ano em 2002 para cerca de 8,5% ao ano entre 2010 e 2014. Em termos reais, isto é, descontada a inflação, saiu-se de algo em torno de 6% ao ano para cerca de 2,5% ao ano no período mais recente, de forma que o subsídio do banco começou a fazer diferença, enquanto fator de indução, na taxa de retorno do empreendedor privado, nos investimentos. Por outro lado, qual seria o custo fiscal desse subsídio em TJLP? Em um cálculo de "padaria", que os representantes da Banca não se furtaram em realizar, para uma Selic que estivesse, por exemplo, no patamar de 10% e a TJLP em 6%, o custo fiscal anual seria de 4% anuais sobre o saldo médio devedor dos financiamentos. Entretanto, se tais empreendimentos, em alguma proporção relevante (vide o conjunto vazio dos investimentos no período tucano) não tivessem se realizado sem o financiamento em TJLP, seu efeito multiplicador sobre a renda, gerando impostos, ao lado do seu efeito acelerador na etapa em operação dos empreendimentos (novamente gerando renda e impostos), o efeito fiscal tenderia a ser positivo, configurando uma ação típica e eficaz de uma postura desenvolvimentista! Para aprofundamento do tema, ver os seguintes textos produzidos por técnicos do BNDES: "Custo líquido dos empréstimos do Tesouro ao BNDES" e "Relatório de efetividade 2007-2014: a contribuição do BNDES para o desenvolvimento nacional", e também o texto para discussão "Ipea 1665 – Mensurando o resultado fiscal das operações de empréstimo do Tesouro ao BNDES: custo ou ganho líquido esperado para a União?", de Thiago Rabelo Pereira, Adriano Simões e André Carvalhal, 2011. (ver Referências, p. 119.)

7.2. Resolvendo o problema das garantias das PPPs a partir de bons projetos de investimentos

Dado o seu alto potencial, enquanto solução geral da questão da governança nos empreendimentos de infraestrutura, pode-se dizer que o número de contratos de concessão baseados em PPPs formalizados nos três níveis de governo foi muito baixo, refletindo dois tipos de problemas principais.

O primeiro diz respeito à baixa qualidade dos projetos de investimento dos empreendimentos, caracterizados, via de regra, pela inexistência de projetos executivos. Assim, quando uma obra é diretamente estatal, sua paralisação, embora tenha um custo fiscal e social implícito, não é visível. Entretanto, quando se está numa concessão para o setor privado, notadamente numa PPP, em que não pode haver erros significativos de cronograma ou do valor total do empreendimento, o risco de uma provável redução da taxa de retorno esperada, pela falta de um projeto executivo, inviabiliza o interesse do setor privado. De certo modo, uma PPP, nessa situação, assemelha-se ao princípio do *turn key*, quando aplicado a um investimento diretamente estatal: seu relativo insucesso no setor público brasileiro prende-se à falta de bons projetos executivos.[80] Por isso, o primeiro pré-requisito para os programas de PPPs deslancharem seria a execução prévia de bons e detalhados projetos, que certamente irão custar muito dinheiro para o setor público a curto prazo, mas grande economia fiscal no final, trazida pela qualidade dos projetos e da governança das PPPs.

O segundo problema, tão importante quanto o primeiro, mas muito mais fácil de resolver, refere-se às garantias. Se for necessário o aporte

---

[80] O princípio do *turn key* pressupõe a licitação de uma obra em que a medição das etapas intermediárias não tem (quase) nenhum papel, ao contrário do método usual de realização de obras, via de regra, repleto de aditivos não previstos no contrato inicial. Assim, o compromisso da empreiteira seria o de entregar a obra pronta, para viabilizar o pagamento final. O contrário do *turn key* seria o contrato por administração, no qual aquilo que for medido periodicamente é pago, não importando o seu valor. Esse foi o tipo de procedimento típico na ditadura militar, para dar uma informação para os incautos que estão com saudade dos tempos da ditadura. A usina nuclear de Angra II, por exemplo, que custou cerca de US$ 2,5 bilhões em meados dos anos 1970 (cerca de R$ 25 bilhões hoje), foi construída por administração. Nome da construtora: Norberto Odebrecht.

público de recursos, um aspecto central e óbvio de uma PPP, como ele deveria ser feito? Concomitantemente à realização da obra ou ao final dela? E se o setor público não honrar os seus compromissos e a obra parar, trazendo prejuízo para o empreendedor privado e para o próprio setor público? Surge, assim, a questão das garantias.

A primeira solução seria fazer aportes num fundo de garantias reais, ações e outros ativos financeiros do setor público. Entretanto, essa acaba sendo uma solução limitada, dada a insuficiência ou mesmo inexistência desse tipo de ativo. Para o âmbito federal, a solução é óbvia: a emissão de títulos públicos e seu depósito em um fundo de PPPs, disponível para saques a qualquer momento, respeitando o cronograma acertado com o concessionário, no caso de inadimplência do poder público.

Uma solução tão simples foi peremptoriamente descartada pela área econômica dos governos petistas. A objeção era de que a emissão desses títulos impactaria no superávit primário, no momento da sua emissão, independentemente de virem a ser sacados, no caso de inadimplência, no futuro.[81] Na verdade, se os compromissos resultantes da concessão estão programados na Lei de Diretrizes Orçamentárias (LDO) e no próprio orçamento, fossem eles uma realização direta de obra, e não uma PPP, o primário, no regime de caixa atual, só aconteceria quando a obra fosse paga, ou, pelo regime de competência, como deveria ser, quando a obra fosse medida, independentemente de seu pagamento e eventual inadimplência do setor público.

A solução, em função da falta de rigor da contabilidade fiscal do governo federal, que mistura caixa com competência, seria uma reorganização das contas do governo federal que, tal como os demais entes federativos, deveria trabalhar unicamente com o critério de competência, abandonando um improviso que vem desde os anos 90

---

[81] Ao se indagar a diferença entre assumir uma dívida, ao assinar um contrato de obra, e assumir uma dívida, numa PPP, com garantia de títulos, do ponto de vista da geração de despesa primária, foi respondido, inexplicavelmente, que a emissão de títulos equivale a um pagamento de caixa no presente, ao passo que o contrato de obra é uma promessa de pagamento no futuro. Mais relevante ainda, a geração de uma despesa primária numa obra do setor público dá-se no momento de sua medição, como ocorreria numa PPP, e não do seu pagamento, como prega a regra de caixa atual. Na verdade, a utilização dos critérios caixa e competência na execução orçamentária é mais uma jabuticaba brasileira que tem de acabar (ver item 5.1. Rompendo com o modelo econômico salazarista. p. 55).

do século passado.[82] Com as garantias estabelecidas com a emissão de títulos públicos, o sistema de PPPs teria condição de deslanchar de forma quase ilimitada, para as concessões federais. Para as estaduais e municipais, entretanto, há de se perseguir arranjos específicos, em que a melhor solução, ou sempre preferível, seria aquela que estabeleça uma garantia de recebíveis de tributos dos entes federativos. Em algumas situações particulares, em que a concessão é municipal ou estadual, como a do esgotamento sanitário, mas que pode exigir uma contrapartida de recursos federal, a emissão de títulos públicos estaria disponível para viabilizar as PPPs.

7.3. Identificando o tipo de escassez de capital existente no Brasil para a execução de um projeto em grande escala de PPPs

De modo geral, existe escassez de capital no Brasil de forma a inviabilizar um projeto de desenvolvimento? De forma mais específica, existe escassez de capital no Brasil para executar um projeto em grande escala de investimentos em infraestrutura?

---

[82] A esse respeito, ver no Apêndice o artigo "Sobre 'pedaladas fiscais'", de minha autoria, publicado no blog do Luís Nassif, em 2015. Na verdade, a área econômica destes 13 anos e 4 meses de governo petista, em especial aquela que ficou mais tempo com uma certa predominância dentro do regime de coabitação, que pega o período de 2006 a 2014, deixou as coisas como estavam, transferidas pelo governo tucano, não tendo feito nada de ilegal ou inadequado. O problema é que o legado tucano é muito ruim, a ponto da LRF de 2001 apontar a necessidade de o Senado (re)definir os conceitos de resultado primário e nominal, assunto com o qual a área econômica nunca se preocupou. Ao contrário, utilizou as debilidades do sistema contábil a favor de uma execução orçamentária e financeira mais adequada aos desígnios sociais, e de desenvolvimento econômico, de um governo democraticamente eleito pela população. Como se sabe, não deu certo, dada a hegemonia ideológica da Banca e seu domínio absoluto sobre os meios de comunicação, construindo a versão absurda das pedaladas fiscais. Ocorreu aqui um fenômeno similar ao verificado na área política ao tentar seguir as regras do presidencialismo de coalizão existentes e vigorosamente praticadas no governo anterior. A efetiva sobrevivência a médio e longo prazo de um governo à esquerda depende de sua consistência, que se materializa no aperfeiçoamento permanente dos sistemas de gestão do próprio Estado. Para a direita vale tudo, inclusive atropelar "a lei, a ética e os bons costumes". Para a esquerda, pune-se com a lei, ou, com a insuficiência dela, atropelando-a. Para utilizar um jargão da esquerda, o "tarefismo", que favorece o esquecimento do projeto em construção, alinhado a um pragmatismo procrastinador, do tipo "vamos deixar como está para ver como é que fica", são os conselheiros para o desastre.

Respondendo à primeira pergunta, pode-se dizer que o Brasil, por se situar muito abaixo da fronteira tecnológica internacional, apresenta uma escassez imensa de capital intelectual, isto é, capital humano mais intangíveis diversos, em geral monopolizados pelas empresas e incorporados ao seu *equity*.[83] Nesse sentido, como tentaremos mostrar na última parte deste trabalho, a necessidade do Brasil pelo capital estrangeiro não é exatamente pelo *equity*, mas pelo capital intelectual nele involucrado, o que faz com que seja bem-vindo na criação de renda e trabalho, de razoável qualidade, e de tecnologias e produtos da fronteira tecnológica não existentes no país.

Quanto à infraestrutura, podíamos dizer que havia, até a eclosão da Lava Jato, uma escassez relativa de *equity*, contudo, dentro das regras do jogo então existentes, que, na prática, favoreciam as grandes empreiteiras brasileiras. Isso porque, embora o Brasil possua há mais de 60 anos um capital intelectual na construção civil leve e na pesada, materializado num grande complexo de micro, pequenas, médias e grandes empresas, "as regras do jogo" das concessões, por exigirem elevados volumes de *equity*, vinham privilegiando as grandes empreiteiras. E esse monopólio relativo, que criava uma escassez artificial, dava-se a despeito dos volumosos financiamentos do BNDES.[84] O problema, que já se mostrara mais ou menos óbvio desde o relançamento dos projetos de concessões de hidrelétricas e algumas rodovias, chegou ao seu auge por ocasião da concessão de Belo Monte, que o explicitou, ao mesmo tempo em que materializou uma solução, a qual, na sistematização que procuraremos fazer a seguir, no capítulo 9, pode significar, sim, o salto virtuoso para o pleno desenvolvimento da infraestrutura brasileira.

Antes disso, com a eclosão da Lava Jato, a escassez relativa de crédito transformou-se em absoluta, jogando para o chão o nível de investimentos no Brasil. Há quem diga que a solução é o capital estrangeiro, como se

---

83 O conceito de capital intelectual aqui utilizado é o de Stewart (1988). Esse intangível passa a ter valor e implicitamente passa a ser incorporado ao *equity* das empresas.
84 Isso porque qualquer financiamento deve possuir, necessariamente, a contrapartida do investidor. Por exemplo, para cada R$ 100,00 investidos, R$ 60,00 seriam emprestados pelo BNDES ou outros bancos, e R$ 40,00 seriam o *equity* do empreendedor, o que acaba por habilitar apenas as grandes empresas, no caso de empreendimentos razoavelmente grandes.

o problema do investimento na infraestrutura fosse de *equity*, e não das "regras do jogo". Além do mais, o capital estrangeiro é muito caro, não está disponível e provocaria um desequilíbrio estrutural macroeconômico no país.[85] Além do mais, há *equity* disponível no Brasil, abundante e fortemente subutilizado, que está há anos, desde a década de 30 do século passado, à espera de uma decisão sensata e corajosa dos governos de plantão.

---

[85] O capital estrangeiro trabalharia com exigências de taxas de retorno comparáveis às dos grandes grupos econômicos que operam nas concessões brasileiras, sempre acima de 10% ao ano, aos quais adicionariam o "risco Brasil", no mínimo de 2% ao ano na média de longo prazo. Quanto ao desequilíbrio macroeconômico que ocorreria na entrada, seria ocasionado pela magnitude do aporte de recursos (cerca de US$ 100 bilhões/ano) que pressionaria imensamente o balanço de pagamento, deixando a política macroeconômica entre o crucial problema de permitir uma forte apreciação do real ou de emissão maciça de títulos da dívida pública, piorando significativamente o déficit fiscal. Na saída, prisioneiros que ficaríamos das remessas de lucros de um setor *non tradables*, haveria uma ampliação violenta do histórico desequilíbrio da conta de transações correntes brasileira. Por isso, a solução via capital estrangeiro não passa de proselitismo ideológico de membros da Banca ou mera tolice dos incautos.

8. A previdência complementar, de grande problema a solução para as principais dificuldades econômicas do Brasil

8.1. Esclarecendo uma questão preliminar

A questão da previdência complementar é estrutural e não diz respeito à tentativa, frustrada no governo Temer e retomada novamente no governo Bolsonaro, de destruir o sistema básico de seguridade brasileiro, rasgando de forma muito grave o contrato social pactuado pela Constituinte de 1988. Não podemos raciocinar que tal reforma está dada, procurando agora "olhar para a frente", mas, ao contrário, considerar que a primeira missão de um novo governo eleito democraticamente será restaurar inteiramente os direitos previdenciários, tal como ainda existem nos dias atuais.

A necessidade de uma previdência complementar é cada vez maior, não apenas para largas parcelas da população que constituem a clientela do INSS, mas para o próprio funcionário público estatutário, que já não conta mais com garantia da aposentadoria integral. Poupar para garantir um complemento de renda que proporcione segurança na velhice é uma necessidade e um direito de milhões, representando um seguro para a velhice, que deveria estar disponível a todos os interessados. Então, a pergunta fundamental é: existe no mercado da previdência complementar um seguro que garanta, a partir de uma poupança (contribuição) definida, uma renda real no futuro? Infelizmente, a resposta é um definitivo não, a despeito de todo um proselitismo ideológico, em especial dos representantes da Banca, sobre as excelências da previdência complementar, como se ela existisse de fato.

Qualquer cidadão com capacidade de poupar, de forma sistemática, algum recurso para o futuro, que procurar o mercado de previdência complementar encontrará várias alternativas de aplicação, que variam conforme o risco. O peso maior da renda variável nas aplicações implicaria em rentabilidades maiores, e aquelas ancoradas em títulos públicos produziriam rentabilidade mais baixa, embora mais segura. Chamados de contribuição definida, todos esses planos, mesmo os mais seguros e de rentabilidade mais baixa, não garantem uma renda real definida, pelo menos em algum valor mínimo, por prazo indefinido, até a morte do segurado, no futuro. Na verdade, eles não são planos previdenciários, mas apenas planos de aplicação de poupança, travestidos com o nome fantasia de previdência complementar.

Surgido aparentemente como uma reação ideológica aos planos fechados de previdência complementar, a maioria ligada a empresas e entidades estatais, o mercado de previdência complementar não passa de um plano de aplicação, valendo-se do nome fantasia para ampliar as vendas desse serviço. Por outro lado, é bom que se diga que os planos fechados, a maioria tomada pelas corporações ao longo dos anos, desmoralizaram o termo benefício definido, que caracterizaria tão bem a essência de um seguro previdenciário. Neste caso, as situações piores seriam aquelas em que o benefício definido seria indefinido, já que poderia invariavelmente aumentar.[86] Ao invés de se corrigirem tais distorções, partiu-se para uma solução radical,

---

[86] Por exemplo, aposentando com um salário de final de carreira, para o qual não houve uma contribuição atuarialmente consistente com o benefício. Outra concessão, também muito grave, seria o benefício de pensão para o dependente, sem a adequada contribuição, que, em alguns casos, seria quase impagável, dada uma eventual grande diferença de idade entre dependente e segurado.

estabelecendo-se uma hipótese típica do *main stream* dos economistas de direita: "vamos imaginar que a forma mais rápida e eficiente para resolver as distorções do seguro previdenciário é acabar com este conceito". E assim, a agenda relativa a uma verdadeira previdência complementar saiu do radar da sociedade e dos governos, inclusive os do PT.

8.2. Restabelecendo o conceito de seguro previdenciário

Por que o sistema de previdência complementar não oferece esse serviço, tão procurado no mercado? Um economista da Banca diria que o risco, de longo prazo, é tão elevado que não pode ser previsto e assumido, sendo mais eficiente que se proceda passo a passo, olhando-se dia a dia as opções de investimento microeconômicas, nos moldes das regras atualmente existentes. Um contador diria que as normas dos fundos de pensão impedem que os agentes financeiros do sistema complementar assumam um compromisso de benefício definido.

Diríamos, ao reverso, que um seguro previdenciário que garanta uma renda vitalícia futura, pressupondo metas atuariais de 5% a 6% ao ano, é tecnicamente possível, embora, pelo risco elevado, exijam muito capital dos operadores para garantir tal benefício. E claro, não se pode obrigar os grandes grupos financeiros a oferecerem produtos que consideram relativamente pouco rentáveis.[87] Quanto às normas, elas existem para o cumprimento de objetivos econômicos e sociais; mudando-se os objetivos, mudam-se as normas.

Na verdade, do ponto de vista do risco, um título da dívida mobiliária pública federal pareceria adequado para uma garantia de longo prazo, tal qual o seguro previdenciário está a exigir, casando-se, inclusive do ponto de vista prudencial do BC, uma cesta de títulos públicos de *duration* elevada com o compromisso de

---

[87] Para os grandes bancos brasileiros seria tecnicamente possível oferecer tal produto, já que eles próprios auferem tendo uma taxa de retorno de mais 15% ao ano. O problema é que oferecer tal garantia exigiria capital, pelas próprias normas regulatórias do BC, reduzindo em alguma medida a sua taxa de crescimento. Assim, o *trade off* seria entre um produto menos rentável, mas muito procurado, e outro (que tem o nome fantasia de previdência complementar) muito rentável, já que exige pouquíssimo capital, embora procurado e aceito por parcela muito menor de consumidores.

uma renda vitalícia no futuro. O problema aqui é a rentabilidade, especialmente se o propósito da política econômica for de superar o modelo salazarista, trazendo as taxas de juros da dívida pública para níveis próximos do mundo civilizado.[88] Volta-se, então, para os ativos reais, especialmente o mercado de ações, que é, evidentemente, uma opção de altíssimo risco, embora tecnicamente viável para os grandes grupos financeiros.

Esse impasse entre segurança e baixa rentabilidade e grande risco com maior rentabilidade existe em todo o mundo capitalista desenvolvido, não apenas para os fundos de pensão, mas para os poupadores rentistas de um modo geral, sendo equacionado de forma mais ou menos adequada no contexto dos ativos de maior risco.[89] Deve-se, então, procurar uma solução brasileira, no contexto da renda variável, que é um ativo de maior risco estruturalmente necessário para o desenvolvimento,[90] para o restabelecimento do seguro previdenciário.

8.3. Propondo uma solução para o problema: a criação das Letras Financeiras para o Desenvolvimento (LFDs)

Na verdade, as exigências de taxa de retorno dos fundos previdenciários que poderiam viabilizar uma renda vitalícia garantida seriam bastante aceitáveis para a maior parte dos projetos de infraestrutura a serem realizados no país. Com algo em torno de 6% ao ano, muito

---

[88] Mesmo nos atuais níveis de taxas de juros, o rendimento líquido de um título com *duration* elevada dificilmente ultrapassaria os 5% ao ano, já descontada a taxa de administração do agente financeiro. Caindo para algo como 2,5% anuais, esse nível implicaria um esforço relativamente grande do poupador, para uma não tão grande renda vitalícia no futuro, tornando mais transparente o relativamente alto custo-benefício. Muito mais aconselhável ficar com o atual sistema e seu nome fantasia.

[89] Isso está comprovado por evidências empíricas. Piketty (2014) estima a riqueza privada dos principais países desenvolvidos em cerca de seis a sete vezes a renda nacional anual. A dívida pública, por seu turno, é, em geral, inferior a 100% da renda nacional, o que sugere que, entre os ativos da riqueza privada, a dívida pública não deve ultrapassar 15%, restando mais de 85% como imóveis, ações e títulos de dívida junto ao setor privado da economia.

[90] Como o demonstrou de forma insofismável Marx (1996), o crédito é a primeira e principal modalidade imprescindível para o desenvolvimento do capitalismo. A renda variável é um desdobramento do princípio do crédito, mais sofisticada e mais flexível, permitindo que poupadores tornem-se, de certa forma, diretamente proprietários de capital, reforçando, por outro lado, o *equity* das empresas.

inferior aos 10% anuais (ou mais) pedidos pelos concessionários privados, seria possível a um só tempo reduzir o aporte imediato de contrapartida com recursos públicos, prevista na PPP, reduzir a própria participação do BNDES no total do investimento, resultando numa diminuição do custo fiscal do empreendimento, ao mesmo tempo em que passaria a constituir um ativo real, com adequada rentabilidade, para a previdência complementar.

Como fazer com que a poupança da previdência complementar chegue até os investimentos em concessão? Como garantir que a governança desses investimentos continue a ser privada, premiando o mérito e a eficiência? Como garantir que esse investimento seja absolutamente seguro, evitando o risco para o poupador, como ocorre na previdência complementar fantasia?

A resposta para tais indagações poderia ser dada pela criação de um instrumento financeiro, as LFDs, que teriam as seguintes características:

a. Seriam emitidas pelo BNDES, primariamente, e pelos bancos de investimentos que queiram desenvolver o produto "seguro previdenciário". As LFDs emitidas pelo BNDES teriam como suporte exclusivo participação acionária em concessões do setor público brasileiro, independente ou concomitantemente ao fato de terem ou não financiamento do banco.

b. Essas concessões teriam sócios privados, entre os quais seria definido o gestor do empreendimento. Este, ao mesmo tempo em que terá a remuneração normal, enquanto sócio, receberá uma remuneração "extra" pelo cumprimento de metas de desempenho.[91]

---

[91] O conceito de sócio gestor é importante e distinto do que seria um gerente profissional, que eventualmente poderia até ser contratado pelo sócio gestor. O relevante é que, dentro do seu patrimônio pessoal ou de sua empresa, ele seja efetivamente penalizado, perdendo dinheiro, por uma má gestão. Por outro lado, a pessoa física ou jurídica que entregar boas performances de conclusão dos empreendimentos, além dos prêmios pela boa administração, acumularia um intangível (um *curriculum*) que passaria a ser valorizado no mercado.

c. As LFDs seriam adquiridas pelos bancos de investimentos que voluntariamente optassem por ofertar e captar recursos de poupança para esse produto específico da previdência complementar.

d. Cumpridas as metas de desempenho e garantida por um tempo suficientemente longo a taxa de retorno da carteira de investimentos definidos pelo BNDES, o segurado estará sendo capitalizado normalmente, e sua expectativa de renda mensal vitalícia futura continuará a mesma. Se, por qualquer razão, a taxa média de retorno cair (por exemplo, de 6% para 5% ao ano) por um período suficientemente longo, esse primeiro impacto afetaria a renda vitalícia futura do segurado. Caindo mais ainda a taxa de retorno, por exemplo, para 4,5% anuais, a redução de 0,5% seria bancada pelo banco emissor, no caso, o BNDES; caindo abaixo de 4,5% ao ano, essa diferença seria arcada pelo Tesouro Nacional.[92]

e. Os bancos de investimentos titulares desses planos poderiam também emitir LFDs, mas a base de empresas investidas teria de ser a mesma do BNDES, mudando o *mix*, dentro de uma margem de variação previamente pactuada. Em contrapartida, 0,5% de risco assumido pelo BNDES passaria a ser de responsabilidade do banco de investimentos emissor.

f. Todos os fundos fechados ou abertos poderão criar subfundos segregados, de benefício definido segundo as regras aqui sugeridas, desde que estes componham seus ativos exclusivamente com LFDs, emitidas pelo BNDES ou demais bancos emissores.

---

[92] A rentabilidade das LFDs seria dada pela relação entre o valor contábil das ações adquiridas mais a incorporação de lucros no futuro e o seu lucro anual, o qual seria contabilizado, em qualquer situação de participação acionária, por equivalência patrimonial. Talvez, a forma mais segura de evitar a volatilidade de curto e médio prazo da economia seja trabalhar com médias móveis quinquenais da rentabilidade anual da carteira. Com isso, dificilmente haverá uma situação extrema, a ponto de o Tesouro Nacional ter de contribuir. Por outro lado, como não vai haver marcação a mercado, o *impairment* será um procedimento eventual, no momento da falência da empresa. Antes disso, seus maus resultados estarão refletidos, negativamente, na rentabilidade corrente do conjunto das empresas investidas.

g. Deveria ser criada uma legislação específica, simples e objetiva, centrada neste instrumento financeiro, a LFD, que não viesse a depender de mudanças em toda a legislação de previdência complementar.

h. A mudança radical dos procedimentos contábeis seria um dos fatores centrais para essa nova previdência, que teria por eixo a LFD. Entre eles, a não utilização em nenhum momento da marcação a mercado, que constitui um equívoco estrutural da forma de contabilização do atual sistema de previdência complementar.[93]

i. Para resolver o problema da liquidez, o BNDES e os bancos emissores normatizados pelo BC organizarão um sistema de compensação garantindo liquidez diária dos fundos, comprando LFDs dos necessitados de liquidez e vendendo-as para os demandantes de novos ativos, de forma que praticamente a única moeda do sistema será a própria LFD. Por outro lado, havendo algum indício de desequilíbrio entre entradas e saídas, deverá haver um plano de aplicações (sempre no mercado de ações) ou de monetização.

j. Embora signifique uma revolução estrutural da própria economia e não apenas da previdência complementar, seus custos de implantação seriam relativamente baixos. Todas as entidades-chave já estão criadas e em funcionamento. O BNDES, que será muito exigido nesse arranjo, precisará apenas de ajustes internos para dar suporte a essa nova missão, assim como os bancos de investimento, que, eventualmente, atuariam como emissores de LFDs e como ofertadores do novo serviço de seguro previdenciário. Os fundos de pensão fechados, ao invés de um problema, terão disponível uma opção confiável e adequada, fugindo da opção do paraíso cordial (o sistema do benefício indefinido sempre crescente) e o inferno (a

---

[93] Normas como a instituída pela Resolução CGPC nº 04, de 30 de janeiro de 2002, sobre critérios e registros e avaliação contábil de títulos e valores, que diferencia "títulos em negociação" de títulos "mantidos até o vencimento", têm consequências muito graves sobre a gestão de ativos de longo prazo, como os existentes para os fundos previdenciários. Nesse sentido, a preocupação com a liquidez, o que obriga a marcar a mercado, contamina todo o sistema.

contribuição definida). O BC terá pouco trabalho, já que o serviço de fiscalização essencial ficará a cargo da Secretaria de Previdência Complementar (SPC), que terá, sim, muito mais trabalho, já que ficará responsável por fiscalizar a similitude da carteira LFD-BNDES e a dos demais bancos emissores, assim como a mensuração de rentabilidade e seu impacto nos novos fundos de benefício definido, com ativos exclusivos em LFDs.

k. À SPC caberá presidir, também, um conselho curador, formado por representações nacionais dos trabalhadores, patronais (e à parte, especificamente, a Federação Brasileira de Bancos (Febraban), dos ministérios envolvidos, em especial Previdência e Fazenda, e do BNDES. Seu papel será realizar uma avaliação periódica, talvez trimestral, do funcionamento do sistema em seu conjunto, bem como a situação específica de cada carteira e suas empresas que lastreiam as LFDs.

Os resultados esperados dessa mudança estrutural do sistema de previdência complementar serão inúmeros, não apenas no salto previsto na infraestrutura, na competitividade e no crescimento potencial da economia brasileira. De forma especial, dois segmentos vão ser especificamente dinamizados.

8.4. A nova previdência complementar incrementando dois segmentos vitais da base econômica: a indústria e a Bolsa de Valores

Não é fácil prever o aporte de poupança nesse novo sistema, já que terá origem em outros mecanismos de poupança já existentes, seja no sistema financeiro, seja na economia real, em especial no mercado de imóveis. Espera-se, contudo, para começar, um fluxo mínimo de R$ 100 bilhões ao ano, sendo mais do que suficiente para um grande salto nos investimentos em infraestrutura. É bem provável, aliás, que haja escassez de projetos no curto e médio prazo, sendo aconselhável, desde logo, o estabelecimento de programas para o investimento em renda variável em outros setores de economia.

A indústria de transformação brasileira, que estaria em pleno processo de relançamento, em função das novas condições de competitividade garantidas pelo seu câmbio específico, precisará enormemente de *equity*, o que envolverá empresas ressuscitadas de ramos inteiros, que estavam a caminho do desaparecimento, até novas empresas e setores da fronteira tecnológica. Assim, dentro das novas prioridades da política industrial, o BNDES deverá realizar uma sintonia fina entre a adequação do risco e das possibilidades e fragilidades dessas empresas e a sua entrada na carteira da LFD. Combinando adequadamente risco e retorno, no qual o "modelo de negócio" de cada empresa, empresário ou grupo empresarial que propõe o investimento será essencial para uma decisão final, podendo atingir um resultado em que o *funding* da previdência complementar, forte e prevalentemente ancorado na infraestrutura, ajudará enormemente também a indústria, amplificando o seu processo de relançamento.

Além disso, como o único lastro das LFDs será a renda variável, é provável que ocorra maior fluxo de entradas do que de saídas, mesmo com a destinação de recursos para a indústria. Assim, haverá uma sobra de recursos, não apenas de curto prazo, que servirá para dar mais liquidez e, num primeiro momento, demanda ao mercado doméstico de ações, reduzindo a sua volatilidade e a excessiva influência do movimento de capitais internacionais de curto prazo.

Juntando-se esses três eventos, isto é, a criação em ritmo muito forte do novo patrimônio em construção, que se transmutará em ações, das quais parte passará a circular na Bolsa de Valores brasileira, ao lado das ações aplicadas no relançamento da indústria, ao que se somará à demanda e liquidez adicional que será dada às velhas ações já existentes no mercado, a Bolsa de Valores também será relançada. Poderia levar a um salto das duas metrópoles nacionais, São Paulo à frente, e Rio de Janeiro, como centros financeiros de circulação internacional.

Com a entrada espetacular do novo mercado de ações na riqueza financeira, haverá uma mudança de escala e de qualidade do sistema financeiro, saindo do círculo vicioso do rentismo salazarista para atividades muito mais complexas. Tais atividades envolverão, além dos grandes grupos financeiros e uma plêiade de corretoras, também pequenos bancos especializados, consultorias e agências de *rating*, voltados para a nova riqueza financeira em expansão: as ações. Assim, com essa nova *expertise*, nosso mercado financeiro passará a ser valorizado internacionalmente, permitindo-lhe fazer parte da *base econômica* brasileira, passando a ter uma característica dual, de atividade não básica essencial à atividade básica de exportação de serviços.[94]

8.5. Ajudando a resolver a contradição básica de Thomas Piketty

Por último, deve-se observar que, auxiliados pela nova política tributária, mais progressiva (ou relativamente menos regressiva) e pelo avanço das políticas sociais, especialmente na saúde e na educação, as condições para uma melhora na distribuição de renda já estarão dadas. Mas não se pode olvidar que o primeiro e elementar mecanismo de mitigar a contradição fundamental do capitalismo, segundo Piketty (2014), a tendência à desigualdade acentuada entre a taxa média de retorno do capital (r) e a taxa de crescimento econômico (g) é fazer com que esta última seja a mais elevada possível, já que a primeira (r) tende a ser relativamente incomprimível, proporcionando uma tendência a um aumento dessa desigualdade nos períodos de baixo crescimento.

Acrescente-se a isso um fator fundamental: a solução via previdência complementar para a escassez de *equity* diminui a desigualdade preconizada por Piketty (2014) de duas formas. A primeira pelo fato de reduzir a taxa interna de retorno do capital no negócio da infraestrutura, seja esse capital nacional ou estrangeiro.[95] A segunda, tão ou mais relevante, é o fato estrutural de que o capital previdenciário, ao contrário do capital em geral, não tem uma dinâmica de acumulação ilimitada,[96] possuindo claramente um objetivo social, que é o de garantir uma renda vitalícia na velhice. De certa forma, o patrimônio

---

[94] As novas *expertises* financeiras irão valorizar os analistas de projetos, para fins de *valuation*, nos quais engenheiros, administradores, contadores e economistas reciclados trabalharão no amplo mercado de valores (ações) em expansão.
[95] Esse efeito seria mais relevante em relação ao capital estrangeiro, já que este, ao remeter lucros, subtrai esse montante da renda nacional disponível, reduzindo a base sobre a qual se redistribuiria a renda.
[96] Tendendo a uma dinâmica de "acumulação pela acumulação", conforme observara Marx (1996), em *O capital*.

(previdenciário) do indivíduo é zerado a partir de sua morte, não havendo herança ou herdeiros.[97]

Podemos, então, afirmar que o capital previdenciário contribui de três formas para reduzir a desigualdade **r** > **g**: primeiro, por incrementar o crescimento econômico, segundo, por reduzir a taxa de retorno, e terceiro, por diferenciar a taxa de acumulação potencial da taxa de retorno, sendo estes três fatores essenciais a um processo de redistribuição de renda na economia.[98]

---

[97] Em termos macroeconômicos, o efeito do capital previdenciário, que no curto prazo aumentaria a propensão a poupar (e a investir) da economia, a longo prazo mitigaria tais efeitos ao baixar a taxa média de retorno (**r**) e também voltaria a aumentar a propensão média da economia a consumir (ou reduzir a propensão a poupar, em função dos aposentados, que sairão do lado da poupança para o do consumo). Isso fará com que a taxa de acumulação se torne significativamente menor do que a taxa de retorno, atenuando os problemas para a distribuição de renda da desigualdade **r** > **g**.

[98] Existem outras formas que estão fora de uma ação direta do Estado, que contribuem para a desconcentração da renda, além da previdência complementar. Uma delas, por exemplo, é o sistema cooperativista, um assunto importante e complexo que não foi possível desenvolver neste espaço.

9 | À guisa de conclusão

O conjunto de propostas apresentadas tem como eixo um aspecto central: como o Estado é vital para um projeto de desenvolvimento econômico e social, torná-lo mais eficiente, mais transparente e democrático é decisivo para viabilizar um projeto com tais características em longo prazo. A reforma política, por exemplo, mais do que uma saída tática num contexto institucional muito grave, tem claramente essa intenção estrutural de melhorar o Estado em todos os aspectos, começando pela forma de eleição do parlamento e de eleição e formação do governo.

Por que uma agenda que tenha como centro o aperfeiçoamento do Estado é pouco sistemática, sujeita a altos e baixos, na história da esquerda em âmbito internacional? Por que, em muitas conjunturas, como a atual, por exemplo, em todo o mundo, a começar pelos países desenvolvidos, é a direita que tem a agenda de melhorar o Estado, a qual, claro, na maioria das vezes, ao invés de melhorá-lo pelo menos no aspecto da eficiência, concentra-se em suprimir direitos de largas parcelas da população? Por que, mesmo sabendo não existir espaço vazio na política, a esquerda não avança de forma consistente e sistemática nessa direção? Por que deixar um território decisivo para o inimigo?

Respostas completas para estas perguntas são muito difíceis, mas nos arriscamos a sugerir dois tipos de explicações. Uma, mais geral, deve-se ao fato de que conceder direitos, que é a própria razão de ser da esquerda, significa, de alguma forma, direta ou indireta, aumentar o Estado, o que transmite uma impressão de contradição com o *slogan* de melhorá-lo. De fato, não é fácil unificar numa mesma agenda esses dois discursos, problema que a direita não enfrenta, já que melhorar o Estado significa reduzir o seu tamanho, implicitamente, subtraindo direitos. E o problema real não é o de uma unificação de plataforma condensada num discurso, mas de achar propostas e soluções para uma agenda sempre difícil e complexa.

Uma segunda explicação é que a esquerda, assim como a direita, é formada por diversas classes, subclasses, estratos e camadas sociais, as quais podem representar corporações com inserção específica no Estado. Nesse sentido, o discurso de melhorar o Estado, que poderia muito bem se traduzir na supressão de privilégios de determinadas corporações, seria um fator de desagregação de um agrupamento de esquerda, o que dificultaria a sua inclusão como plataforma e política de ação na gestão estatal. Somadas, a razão geral e a razão corporativa, com peso maior para esta segunda, talvez ajudem a explicar essa histórica inaptidão da esquerda em colocar a gestão do Estado e seu aperfeiçoamento no centro de seu discurso e de sua ação política.

Por outro lado, em momentos de crises agudas, como a que estamos vivendo no Brasil, criam-se as oportunidades para que se vençam as resistências corporativas e se caminhe para a unificação destes dois polos do desenvolvimento econômico e social: conceder direitos e melhorar o Estado.

Apêndice

Sobre "pedaladas fiscais"

Maurício Borges Lemos[*]

Publicado originalmente no *Jornal GGN. Luís Nassif online* em 22 de julho de 2016.

1. Conceito de "pedalada fiscal"

O que significa mesmo o termo "pedaladas fiscais"? Um antigo professor (Fernando Novais, de história econômica", da Unicamp) costumava dizer que o uso das aspas era um truque de quem não sabia escrever. Na verdade, houve uma alteração do termo – até então vinha sendo utilizado "contabilidade criativa" pela mídia, com o intuito de criticar a política fiscal do governo federal. De "contabilidade criativa" evoluiu-se para "pedaladas fiscais", configurando um rótulo mais contundente para designar uma manipulação da contabilidade fiscal.

O próprio termo manipulação é subjetivo, já que pode simplesmente indicar uma tentativa de induzir ou modificar a aparência de dados e informações até o extremo de sugerir fraude ou falsificação dos dados.

---

[*] Economista, professor titular aposentado da FACE/UFMG.

Ainda nos tempos da "contabilidade criativa", a mídia e a patrulha ideológica do mercado financeiro criticaram, por exemplo, a venda, pela Secretaria do Tesouro Nacional (STN), das ações da Petrobras do Fundo Soberano para o BNDES, que aumentou o superávit primário do governo federal. Claro, não houve grito quando, dois anos antes, a STN comprou as mesmas ações para o Fundo Soberano, reduzindo o superávit primário.

Da mesma forma, houve gritaria quando, quatro anos antes, o Tesouro Nacional capitalizou a Petrobras com reservas de petróleo do pré-sal: o problema é que parte das reservas foi vendida, aumentando assim o resultado primário. Todas essas manipulações foram catalogadas no reino da "contabilidade criativa", que se inseria num conjunto de críticas sistemáticas à política fiscal. Entretanto, do segundo semestre de 2014 para os tempos de agora, esse termo foi substituído pelo rótulo "pedaladas fiscais", procurando indicar não apenas manipulação, mas ilegalidade da execução fiscal.

Haveria dois tipos de ilegalidades. Um primeiro diria respeito ao atraso de pagamentos de alguns benefícios, subsídios e subvenções concedidos pelo governo, cujos agentes repassadores seriam o Banco do Brasil, a Caixa Econômica Federal e o BNDES. Paralelamente, uma segunda ilegalidade seria o adiantamento, por parte dessas instituições financeiras, dos referidos benefícios, subsídios e subvenções, configurando um financiamento ao TN, o que contrariaria a Lei de Responsabilidade Fiscal. Na verdade, para evitar uma eventual ilegalidade, o atraso de pagamentos, ter-se-ia recorrido a um financiamento, configurando por este último aspecto o caráter ilegal e indevido das operações.

2. Uma eventual ilegalidade de restos a pagar

Quando lançada, no final dos anos 90 do século passado, a Lei de Responsabilidade Fiscal tentou estabelecer limites para a magnitude dos "restos a pagar" deixados de um mandatário para seu sucessor, em qualquer um dos níveis de governo. Sua intenção original era de zerar os restos a pagar deixados de um governante para o outro, o que se tornou, desde logo, impraticável. Atualmente, com base em pareceres de juristas, aceitam-se restos a pagar, desde que em valor menor do que aquele que o governante encontrou. Mas há coisas mais graves, como despesas realizadas sem orçamento empenhado ou previsão orçamentária, o que contraria regra básica e anterior à própria LRF (Lei nº 4320, de 1964, sendo a LRF de 2000). Assim, atraso de pagamentos, ainda mais dentro das regras e reportando-se a um mesmo governante, é fato corriqueiro, com o qual o TCU nunca se preocupou anteriormente – pelo menos nos últimos 30 anos – manifestando-se como um discurso ideológico, com claros objetivos políticos, no sentido de rejeitar as contas do governo Dilma. Os responsáveis pelo factoide, sentindo que a versão do atraso de pagamentos era muito fraca, desprovida de uma verdadeira base real, evoluíram para a segunda versão, das pedaladas, a dos bancos financiarem o TN.

3. Sobre o financiamento do TN pelos bancos federais

Para começar: qual é mesmo a motivação original da LRF ao proibir que bancos estatais, de qualquer nível de governo, financiem seu ente federativo? Seguramente, a origem está na crise fiscal dos anos 1980, que transbordou do nível federal para estados e municípios. Em alguns casos, os bancos estaduais foram utilizados para o financiamento de seus respectivos Tesouros. O caso mais grave foi o do estado de São Paulo, justamente o ente mais rico da Federação, que utilizou (e acabou quebrando) o Banespa para financiar o Tesouro paulista. No nosso caso, o TN, como autoridade fiscal que é, detém a capacidade de emitir moeda – dívida – a qualquer momento, sem intermediários. Não é por acaso que o juro soberano, pago pelo TN ao mercado, é sempre menor que o custo de captação de seus bancos controlados (BB, Caixa e BNDES, entre outros). E o principal: o TN é credor líquido, em geral em volumes robustos, dos seus bancos, o que dirime definitivamente qualquer dúvida de "quem financia quem". O BNDES, por exemplo, deve liquidamente mais de R$ 500 bilhões para o TN, no longo prazo, o que mostra de forma inequívoca que não houve (e não há), na forma legal e no seu espírito, contrariedade à LRF.

Qual é, então, exatamente o problema? Existe de fato um problema ou ele é tão e somente uma questiúncula – embora tornada séria com o objetivo de acuar ou mesmo inviabilizar o governo? O que vamos sugerir, a seguir, é que de fato existe uma questiúncula, a qual tem, sim, por trás, um problema importante da nossa metodologia fiscal, que vem sendo solenemente ignorado no debate atual. Nesse sentido, o problema metodológico independe da ação deste ou daquele governo, constituindo uma questão *per se*, cuja solução envolve uma mercadoria escassa nos dias atuais: consenso político.

4. Pagamento dos juros da dívida dos bancos federais para o TN *versus* pagamento da equalização de juros do TN para os bancos federais

Para situar o problema, vamos tomar como exemplo um empréstimo do Programa de Sustentação do Investimento (PSI), operado pelo BNDES, com juros fixos subsidiados pelo TN para a produção e comercialização de máquinas e equipamentos nacionais. Iniciado em 2009, ele vem oscilando desde então no nível de juros por tipo de equipamento (caminhões, outros equipamentos de transporte, máquinas, máquinas e implementos agrícolas etc.) e pelo nível dos juros no tempo. Tomemos, para exemplificar, uma taxa muito utilizada ao longo destes anos, de 4% ao ano. Nesse caso, na hipótese de repasse para os agentes financeiros do BNDES e sendo o destinatário micro, pequena ou média empresa, o custo desse empréstimo seria TJLP (atualmente, 6,5/% ao ano) + 1% (*spread* do BNDES, para pagar seus custos e o eventual risco do agente financeiro) + 3% (*spread* do agente financeiro, que assume o risco do empréstimo). No presente momento, no nível atual da TJLP, o custo financeiro desse empréstimo seria de 6,5% + 1% + 3% = 10,5%. Como o mutuário final pagaria apenas 4%, o custo de equalização para o TN seria de 6,5%. Esse valor, uma vez concedido o empréstimo, começa a produzir custo fiscal imediatamente, embora não exatamente pela metodologia contábil do TN/BC desde sempre. Esse vai depender da especificação e da forma como se arbitram – inclusive a contabilização – os fluxos financeiros. E como ficariam os fluxos financeiros?

Em primeiro lugar, há a carência do empréstimo para o mutuário (no mínimo de seis meses), contando depois com alguns anos para pagar. Iniciados os pagamentos, o agente financeiro apropria-se do seu *spread* (3%) e envia ao BNDES o que seria seu *spread* (1%) e amortização. Para zerar o custo de equalização, fica faltando o correspondente à TJLP, que ficaria aguardando o pagamento do TN.

Em segundo lugar, o TN costuma fixar em dois anos a carência (ou até mais, em função das carências e dos longos períodos de amortização dos empréstimos). Mas, então, até isso acontecer, como ficaria o BNDES? Ele teria de adiantar recursos próprios para sustentar o custo (no exemplo, correspondente à TJLP) e, nesse sentido, financiar o TN? A resposta é não, já que o BNDES deve esse valor correspondente à TJLP exatamente para o TN!

Em terceiro lugar, há, no momento, uma discussão bizarra a respeito dos prazos (e o seu virtual não cumprimento) que o TN teria para pagar ao BNDES os custos da equalização, esquecendo-se de que é o próprio TN que fixa por portaria tais prazos, podendo alterá-los – reduzi-los ou ampliá-los – segundo as conveniências de julgamento do próprio TN, como autoridade fiscal que é. Aliás, é também julgamento do próprio TN fixar prazos e carências (nesse caso autorizado por ato legislativo normativo) para o recebimento de juros (em geral, TJLP) e amortização dos seus empréstimos realizados para o BNDES.

Um partidário da questiúncula diria que o não pagamento, ou o seu atraso em relação à regra que ele próprio (TN) criou, constituiria uma manipulação, já que ao não pagar ou atrasar tais pagamentos está se alterando – em geral reduzindo – o superávit primário. Está errado, porque o vício é de origem, é estrutural e refere-se a um problema metodológico. Antes de aprofundarmos esse assunto, desde logo fica claro que há uma grande incongruência entre o fato de os juros relativos aos empréstimos do TN ao BNDES (cerca de R$ 32 bilhões em 2015, relativos a R$ 500 bilhões de dívida) são contabilizados no resultado nominal, mesmo que não desembolsados pelo BNDES, independentemente dos prazos e carências preestabelecidos. E, ao contrário, algo como R$ 6 bilhões no ano seriam o custo de equalização, somente computáveis se desembolsados pelo TN para o BNDES. Assim, no primeiro caso temos o critério de competência e, no segundo, o critério caixa. O primeiro é lançado no resultado nominal e o segundo no resultado primário, o que significa que, no exemplo acima, a dívida do BNDES junto ao TN (TJLP) não pode ser compensada com um valor correspondente de TJLP, referente à equalização. E enquanto o pagamento da equalização não for feito – estando ou não no prazo preestabelecido por portaria do TN –, não apenas o resultado primário será menor, mas, também e principalmente, será subestimado –indevidamente melhorado – o resultado fiscal nominal, que é o que interessa, em última instância. Se manipulação há, ela está embutida na própria metodologia, cuja origem encontra-se nos porões ainda nebulosos da contabilidade pública brasileira, metodologicamente estagnada há pelo menos 30 anos.

5. Caixa *versus* competência

Se observarmos a norma contábil das empresas públicas e privadas, seria considerada absurda a indagação se o regime de contabilização deveria ser por critério caixa ou competência. Ela é essencialmente por competência, sendo que, por exemplo, o nível das contas não pagas, lançadas no passivo circulante, é imediatamente contemplado com as receitas a receber, além do caixa (ativo circulante). Nessa direção, a norma orçamentária brasileira segue esse padrão, de forma que o balanço anual de qualquer ente federativo – municípios, estados ou União – trabalha com o conceito de competência, o que inclui, por exemplo, nas despesas, todas aquelas realizadas e não pagas. Dito isso, a pergunta que não quer calar é: por que, contrariando a lógica do processo da execução orçamentária e da contabilidade pública, a gestão fiscal da União, o que envolve também o acompanhamento dos demais entes federativos, trabalha com o conceito caixa?

A explicação para uma pergunta tão singela é complexa e envolveria um passeio ao longo da história do Brasil, pelo menos desde os anos 30 do século passado. Para encurtar o assunto, pode-se dizer que a tendência brasileira de produzir uma bolha fiscal permanente ensejou, ao longo dos anos, a convicção – proveniente teoricamente da matriz de pensamento econômico ortodoxa – de que o controle das contas públicas passaria pelo controle do crédito líquido para o setor público.

Independentemente do fato de isso ser, pelo menos em parte, um pressuposto verdadeiro, a questão central é que uma visão consolidada das contas do setor público, observada a partir da execução orçamentária, nunca foi realizada por completo. Em contraposição, o BC veio aos poucos desenvolvendo e consolidando a estatística referente ao Crédito Líquido para o Setor Público (CLSP) para o conjunto dos entes federativos, podendo incluir aí até mesmo as empresas estatais pertencentes aos três níveis de governo.

Então, foi o bastante que, no final de 1998 e início de 1999, ao, mais uma vez, o Brasil quebrar – neste caso, premido por quatro anos seguidos de populismo fiscal e cambial –, se recorresse a uma metodologia consolidada de contas fiscais, nas penosas e constrangedoras negociações com o FMI. E aí, na falta de uma metodologia pronta, recorreu-se a uma *"proxy"*, o CLSP do BC.

Na verdade, o CLSP, embora tenha uma relação e conexão com a execução orçamentária, é diferente dela em forma e conteúdo.

A diferença na forma é que o resultado fiscal apurado pelo BC baseia-se numa comparação temporal de estoques de dívida, deduzindo-se daí um resultado (um fluxo), que será o déficit nominal ou, subtraindo-se os juros pagos da dívida pública, o resultado primário. O cálculo a partir do processo orçamentário, ao contrário, tem como referência o fluxo da execução orçamentária, o que é, evidentemente, muito mais rico, completo e passível de desagregação, para fins analíticos e, não menos importante, de fiscalização.

Por outro lado, a diferença no conteúdo está no fato de que a metodologia implícita no CLSP trabalha somente com três variáveis básicas: dívidas financeiras (estoque), juros (fluxo) e caixa (estoque). Quando aplicada para o cálculo do resultado fiscal, as outras despesas públicas que não juros (fluxo) são computadas por diferença, o que significa que as únicas despesas consideradas – exceto os juros – são aquelas pagas, excluindo as não pagas tanto do cálculo do resultado fiscal quanto do estoque da dívida líquida do setor público. Os juros, pagos ou não, são computados por competência, o que implica que a metodologia do CLSP, quando aplicada exclusivamente ao seu propósito original (acompanhar o endividamento financeiro do setor público), é um regime por competência, já que sua única variável de fluxo – os juros – assim é computada. Entretanto, quando adaptada para o cálculo fiscal, caminha-se para a jabuticaba brasileira, que combina competência – juros – com caixa – todas as demais despesas.

O problema, então, da utilização da metodologia do CLSP no cálculo fiscal não é apenas de sua limitação em termos de informação e aderência à fiscalização, mas, sobretudo, pela sua inconsistência metodológica estrutural, correndo-se o risco de se produzir mais confusão e desacertos do que acertos.

6. Inconsistências e incoerências

É emblemático que a LRF, quando editada em 2000, previsse no seu artigo nº 30, parágrafo § 1º, inciso IV, que caberia ao Senado Federal definir a metodologia do resultado primário e nominal, reconhecendo, implicitamente, o caráter provisório da metodologia improvisada baseada no CLSP. E é sintomático que, 15 anos depois, essa metodologia ainda não tenha sido criada! Estabeleceu-se assim um fosso legal, já a meta fiscal vem constando da LDO, sem prever a sua metodologia, aceitando-se tacitamente – informalmente, na verdade – o cálculo baseado no CLSP do BC. Curiosamente, então, o cumprimento de uma diretriz orçamentária, que deveria ter, como metodologia de verificação, algo baseado na execução orçamentária, é feito informalmente por metodologia diversa, que se conecta tangencialmente – apenas isso – com o processo orçamentário.

E que se diga a verdade: a tarefa técnica e política atribuída pela LRF ao Senado Federal é dificílima, uma vez que a dívida financeira pública e seu custo – os juros – foram retirados do processo de elaboração do orçamento! De imediato, portanto, haveria uma contenda com a patrulha do mercado financeiro, já que se alegaria a inconveniência de um eventual engessamento da política monetária. Mas as dificuldades não parariam somente nesse ponto. Haveria, por exemplo, a necessidade de se definir: i) o conceito de despesa efetivamente realizada (mesmo que não paga); ii) critérios mais elaborados para o cancelamento de restos a pagar; iii) o conceito de despesas e receitas primárias *versus* receitas e despesas financeiras; e iv) redefinir a forma de inclusão no orçamento, na execução orçamentária e no próprio resultado fiscal das empresas estatais financeiras e não financeiras etc.

Mas enquanto isso não acontece, teremos de continuar com as mazelas de sempre das atuais regras (ou a falta delas) de execução fiscal.

A consequência mais grave desse fato é que a meta fiscal, seja o resultado nominal, seja o resultado primário, previsto na LDO, é unicamente um instrumento de gestão do governo, por basear-se em fonte de dados distinta dos referentes à execução orçamentária. Nesse sentido, ela não é fiscalizável, uma vez que elementos centrais que a compõem não fazem parte do processo orçamentário, tendo sido sua execução delegada do Legislativo para o Executivo e, internamente a este último, para o BC.

O TCU, portanto, como órgão de fiscalização do Legislativo e que tem se aprimorado tecnicamente nos últimos anos, monitorando todas as etapas da execução orçamentária (em especial as licitações) não tem alçada legal para fiscalizar contas cuja base tem, como eixo, os dados da CLSP.

Mais especificamente, retomando a questão das operações do BNDES com o TN, analisadas mais acima, não estão na alçada atual do TCU não apenas os pagamentos dos juros da dívida do BNDES em relação ao TN (em geral, em TJLP e classificadas como despesas no resultado nominal), como também despesas de equalização de juros devidas pelo TN ao BNDES. As primeiras desde sempre são consideradas abaixo da linha, estando fora da execução orçamentária, e as segundas, embora consideradas primárias – acima da linha – têm delegação por leis específicas, que atribuem ao TN decidir por portaria, flexível e alterável conforme suas conveniências, quando entrarão no orçamento e, portanto, na execução orçamentária.[1]

Por isso, ao tentar julgar as contas do governo, fica claro que o TCU não tem os meios técnicos para fazê-lo, seja porque o objetivo do pretenso crime – a manipulação do resultado fiscal – não tem meta verificável contabilmente, seja porque as contas específicas que estão mais em foco, como objeto de manipulação, estão fora de sua alçada de fiscalização atribuída pela atual normatização legislativa. O resultado final mais palpável são as duas teses bizarras já mencionadas mais acima: a de que o governo, com o objetivo de manipulação do resultado fiscal: i) atrasou o pagamento de despesas (os técnicos viram-se forçados a reconhecer que atrasos sempre houve mas não podem ser exagerados); e ii) fez com que os bancos públicos – contumazes devedores líquidos do TN – financiassem o governo. Assim, a única conclusão possível é que, para sustentar a falta de consistência e a notória incoerência (com os fatos) dos argumentos, é inevitável que se conclua que a alegada análise e rejeição das contas do governo de 2014 não passaria de uma opinião subjetiva de alguns técnicos do TCU, que se prestariam ao papel de coonestar o pré-julgamento do sr. Augusto Nardes.

---

[1] As funções legais do TCU, como órgão de fiscalização, incluem a contábil, financeira, orçamentária, operacional e patrimonial, constituindo um leque amplo de atividades da União e órgãos vinculados. Exclui, porém, os passivos e ativos financeiros, incluindo os fluxos de receitas e despesas deles derivados, seja em termos da elaboração do orçamento e da consequente execução orçamentária, seja em termos de fiscalização, considerados alçada do Executivo (ministérios da Fazenda e do Planejamento e, em especial, do BC).

7. Absurdos lógicos e práticos da metodologia baseada no CLSP

Independentemente da inconsistência legal e técnica da metodologia de cálculo do resultado fiscal, e de sua inconsistência estrutural, ao misturar caixa com competência, poderíamos perguntar: afinal de contas, no mérito, ela é uma boa metodologia?

Em uma resposta que está implícita em todas as ponderações realizadas acima, dir-se-ia que, como solução de curto prazo, improvisada em momento de crise no final dos anos 90 do século passado, ela pode ser considerada uma boa solução, dentro das circunstâncias. Mais ainda, dada a sua fácil operacionalidade e disponibilidade permanente, já que faz parte intrínseca da missão do BC de monitorar todos os agregados monetários e financeiros, ela pode ser um bom instrumento de acompanhamento conjuntural, em suma, uma boa *proxy* da situação fiscal. Mas, como instrumento para fixar a meta fiscal, ela apresenta sérias deficiências enquanto instrumento indutor da gestão pública.

O primeiro problema é mais geral e se refere ao processo de indução, para efeito do cumprimento da meta, que traz implícito o pressuposto de que a despesa boa é a não paga, a não ser que sejam juros. Por decorrência, não há problema com dívida, sendo sempre preferível manter dinheiro em caixa, em detrimento do aumento da dívida, desde que não seja dívida financeira. Na contabilidade privada, ao contrário e corretamente, prevalece o regime de competência, sendo que qualquer tipo de despesa não paga em sua data de vencimento é coisa muito séria. Descobrir esqueletos, aliás, é o meio de vida principal das auditorias contábeis.

O segundo problema é que, quando aplicada a aspectos específicos da execução fiscal, a metodologia mostra-se, em alguns casos, absurda, resultando em induções pouco adequadas para a gestão pública. É o caso, por exemplo, da metodologia adotada para a incorporação das empresas estatais, subsidiárias integrais ou controladas, no cálculo do resultado fiscal. Na contabilidade privada, a subsidiária integral ou controlada da *holding*, é contabilizada pelo conceito de equivalência patrimonial, vale dizer, o lucro (ou prejuízo) é considerado integralmente, se a empresa for subsidiária integral – com 100% de controle –, ou proporcionalmente, em termos de sua participação acionária, se for apenas controlada.

Na metodologia baseada no CLSP, considera-se para o segmento estatal não financeiro o estoque de dívida financeira, da qual se subtrai o caixa da empresa: considerando-se no tempo a variação desse estoque da dívida financeira (menos caixa), obtém-se o resultado fiscal nominal, do qual subtraímos os juros pagos, para se chegar ao resultado primário. Os dividendos pagos pelas empresas (e não os lucros) são também considerados, embora contabilizados à parte, como receita corrente do Tesouro (nacional, estadual ou municipal). Os bancos estatais estão fora desse conceito, dada a sua natureza financeira, o que significa que sua única contribuição para o resultado fiscal será via pagamento de dividendos.

Na verdade, os resultados dessa metodologia, enquanto mecanismo indutor do processo de gestão, são desastrosos: no caso das estatais não financeiras, uma simples e universal concepção – ou seja, a empresa com lucro é um fato positivo e deve ser somado no resultado do grupo econômico (no caso, no resultado fiscal do governo) ou a empresa com prejuízo é um fato negativo e assim deve ser subtraído do resultado fiscal – é substituída por uma miscelânea de conceitos que induzem a uma má gestão. De fato, a empresa estatal boa seria aquela que não investe, seja porque não deve se endividar, seja porque deve poupar seu caixa, já que nos dois casos (mais dívida ou menos caixa) há uma piora do primário. Mas a empresa estatal boa não deve também pagar dividendos, já que, tendo ela acionistas privados, ao reduzir o caixa para pagá-los e ao seu acionista controlador (o Tesouro), seu efeito no resultado fiscal será negativo, já que a diminuição do caixa para pagar os dividendos (com impacto nesta exata magnitude sobre o fiscal da empresa) será superior ao resultado do aumento da receita corrente do Tesouro por conta dos mesmos dividendos, só que subtraídos da parte referente aos acionistas privados! Fruto em parte disso, antes de 2010, quando foram retiradas do primário, a Petrobras, ao pagar dividendos produzia déficit primário, e a Eletrobras ficou mais de 12 anos sem pagar dividendos.

Os bancos estatais têm vida um pouco melhor, dada a sua natureza financeira: estão fora do mecanismo da dívida líquida, embora sua única forma de contribuir para o fiscal seja com dividendos, e não com seus lucros no conceito de equivalência patrimonial. Então, pode-se dizer que, enquanto a metodologia aplicada às estatais não financeiras tem um viés anti-investimento, aplicada aos bancos federais tem um viés anticapitalização, resultando ambas na destruição das empresas em longo prazo. Assim, em última instância, a estatal boa é aquela que corta os pulsos e vai embora, ou é privatizada. Com a saída da Petrobras e da Eletrobras do primário, essa metodologia do CLSP aplicada às empresas perdeu importância, embora seja ainda a que prevalece, à espera do velho e bom conceito de equivalência patrimonial.

Mas os problemas práticos conceitualmente mais sérios referem-se ao fato de que a meta fiscal, que de fato não existia antes de 1999, quando o Brasil quebrou, passou a ser o resultado primário, já que, na época, os juros estratosféricos tornavam virtualmente inalcançável uma meta nominal. E, com métrica baseada em metodologia improvisada, adotou-se para o resultado fiscal igualmente uma meta improvisada, ancorada no primário, tornando-se ambos mais uma jabuticaba brasileira, em que o provisório torna-se definitivo.

8. O primário como submeta e não como meta fiscal

Muitos se referem ao resultado primário como uma jabuticaba brasileira, já que a prática internacional mais utilizada é a meta nominal, que inclui os juros da dívida pública. No caso do Brasil, a substituição do primário como meta principal criaria um problema político, sustentado na patrulha do mercado financeiro, que, claro, considera que a despesa dos outros é ruim e a despesa que ancora receitas nossas é boa. Entretanto, deve ser mencionado que, independentemente de uma eventual controvérsia sobre sua utilização, a métrica do primário é um importante instrumento de gestão fiscal, especialmente quando considerado como submeta para se alcançar a meta que de fato interessa, que é a baseada no resultado nominal.

Afinal de contas, é o resultado nominal que define a sustentabilidade fiscal e a consequente capacidade de financiamento dos Estados nacionais ou de suas instâncias subnacionais. Não bastasse isso, há um problema razoavelmente grave que desaconselha a utilização do primário como meta fiscal principal: os critérios de lançamento das despesas e receitas no primário ou no nominal são relativamente arbitrários, o que transforma um importante e imprescindível instrumento de gestão em algo que sofre o risco de manipulação. Nesse sentido, os critérios, em alguns casos, necessariamente arbitrários, devem servir a apenas uma senhora, a boa gestão fiscal, descartando-se critérios com objetivos de manipulação. E para se evitar isso, o melhor caminho começa por trabalhar com a meta nominal, deixando o primário como submeta, ou melhor, como um instrumento de gestão para se alcançar o resultado nominal almejado.

Dois exemplos poderiam ilustrar o problema da subjetividade das escolhas arbitrárias, e que estão presentes no caso brasileiro, colocando-se a dúvida se estão assim por descuido, por critérios teóricos e/ou ideológicos, ou simplesmente por objetivos de manipulação.

O primeiro diz respeito ao exemplo acima das relações do BNDES e o TN. Ao emprestar dinheiro ao BNDES com custo em TJLP, portanto, subsidiado, já que abaixo da Selic, acarreta-se, para o TN, um passivo com custo em Selic (devido ao mercado) e um ativo com custo em TJLP (devido pelo BNDES ao TN). A operação passa a gerar um custo fiscal imediato, que é lançado automaticamente no resultado fiscal nominal, já que ambos os juros (a Selic no passivo e a TJLP no ativo) são considerados despesas e receitas abaixo da linha, vale dizer, estão fora do orçamento e da execução orçamentária.

Paralelamente, ao autorizar o BNDES, via PSI (ou outros programas com equalização) a realizar empréstimos a taxas fixas a serem equalizadas (no exemplo mais acima seria de 4% ao ano), o TN fica devendo uma diferença (no exemplo seria correspondente à própria TJLP), a ser paga segundo suas conveniências (atenção TCU, as várias leis, referentes a programas equalizáveis dos últimos 20 anos, deram esse poder discricionário para o TN). Ao fim e ao cabo, quando forem pagas, tais despesas entrarão na execução orçamentária, sendo lançadas no resultado primário. Por que dois tipos de créditos direcionados e subsidiados pelo TN tiveram tratamentos diferentes, lançando-se um no resultado nominal e o outro, quando pago, no primário?

Pragmatismo sobre as conveniências da execução fiscal talvez possa explicar essas escolhas. No fundo, os dois tipos de crédito são financeiros, embora direcionados, como vários outros (do Sistema Financeiro da Habitação – SFH, por exemplo), apenas com a diferença de que têm custo fiscal. Mas a emissão de títulos públicos e a compra de ativos em dólar pelo BC podem ter custo fiscal, e estão contabilizados no nominal. O que de fato diferencia o crédito direcionado com equalização é que tende a ter um subsídio relativamente maior, para clientela específica, induzindo a uma tentativa de parcimônia e burocratização, com o objetivo de contenção fiscal. E para encorpar o discurso da contenção, optou-se por lançá-lo – quando formalmente pago – na execução orçamentária e, portanto, no primário.

Em suma, foi uma opção aparentemente aceitável, mas discutível, já que se trata de uma despesa tipicamente financeira da União, devendo e podendo ser classificada abaixo da linha. Quando não mais porque, além de ter a mesma natureza – financeira – do empréstimo subsidiado em TJLP, evita-se a tendência a uma subestimação – permanente, já que sistematicamente repetida – do resultado fiscal nominal. E essa será tanto maior quanto mais elástico for o prazo decorrente entre o momento do fato gerador da despesa, no caso, a efetivação do empréstimo ao mutuário, e o pagamento da equalização.

Sabe-se que o TCU, em sua agenda em torno de questiúnculas, tem questionado sobre o prazo, em geral de dois anos, concedido para o pagamento dessas equalizações. Embora haja uma importante questão de ordem legal nesse questionamento, já que o Congresso concedeu alçada para o TN decidir quando pagar (implicitamente, tirou a alçada legal do TCU para fazer tal pergunta), interessa também o fato de que o problema do prazo é estrutural, já que nasce da assimetria entre o fato gerador da despesa e o tempo – qualquer tempo – da data do pagamento efetivo. E, nesse caso, a solução para o problema seria simples: lançar as despesas de equalização abaixo da linha, no nominal, resolvendo-se não apenas a questão grave de subestimação fiscal como também pouparia trabalho ao TCU, já que tal tipo de despesa está fora de sua alçada de fiscalização.

O segundo exemplo do caráter arbitrário do conceito de primário refere-se à carga tributária embutida no serviço da dívida pública. Em geral, ela oscila de 15% a 22,5% de Imposto de Renda para pessoas físicas e chega a 40% (IR e CSLL) para os bancos. Imagine-se a seguinte situação: o TN toma emprestado determinada quantia, pagando R$ 100,00 de juros ao ano. No momento de receber os R$ 100,00 no TN, o emprestador é avisado de que tem de passar no guichê ao lado da RF, deixando R$ 15,00. Os R$ 100,00 são lançados como despesa de juros no resultado nominal e os R$ 15,00 são considerados receita de impostos, engordando o resultado primário. Do ponto de vista do nominal, esse duplo lançamento é neutro, o que tornaria o assunto pouco relevante se essa métrica fosse considerada a meta fiscal. Entretanto, se a métrica mais relevante, inclusive por constar na LDO, for a do primário, a distorção passa a ser grave, subvertendo o conceito de uma poupança para pagar juros, já que os próprios juros têm embutida parte da poupança. E mais, quanto pior a situação fiscal e maior o endividamento e os juros, maior será essa falsa receita primária, que nunca contribuirá para melhorar, em um único centavo, o resultado nominal.

Isso não significa, porém, que a tributação sobre os juros não seja importante do ponto de vista fiscal, e sim que é indevido que ela seja lançada no primário, podendo, alternativamente, contribuir de forma relevante para mitigar o custo fiscal da política monetária, em especial, quando considerada dentro – como fator redutor – do déficit nominal. Em suma, o conceito de resultado primário, embora seja uma ferramenta de importância indiscutível para a gestão fiscal, perde esse potencial quando se torna a própria meta fiscal, dado o seu caráter parcial, incompleto e intrinsecamente arbitrário, envolvendo escolhas sobre aquilo que se computa acima ou abaixo da linha.

9. Conclusão

Numa síntese do que foi discutido até aqui, seria possível concluir:

a. Por basear-se desde sempre numa metodologia improvisada, tomada de empréstimo do BC, fundamentada no conceito do Crédito Líquido do Setor Público (CLSP), as estatísticas fiscais do Brasil são incompletas, não tendo como referência a execução orçamentária da União, estados, municípios e empresas estatais;

b. O viés financeiro e as insuficiências dessa metodologia não são culpa do BC, já que foi construída com o objetivo de acompanhamento e controle dos agregados monetários e de dívida financeira não apenas do setor público, mas de toda a economia, o que constitui uma missão precípua do BC;

c. Essa metodologia é, para a gestão fiscal, um instrumento importante e insubstituível de acompanhamento conjuntural, dada a sua disponibilidade temporal (mensal), propiciado pelo fato de basear-se em acompanhamento de estoques monetários e de dívida financeira;

d. Entendida, entretanto, como a estatística das contas fiscais, e não apenas e tão somente uma *proxy* de acompanhamento conjuntural, somos obrigados a reconhecer que a metodologia baseada no CLSP apresenta graves deficiências;

e. A primeira é que, ao ser adaptada para utilização como estatística fiscal, passa a misturar competência com caixa, ficando a primeira para as receitas e despesas financeiras (consideradas abaixo da linha e lançadas no resultado nominal), e a segunda para as demais receitas e despesas pagas (consideradas acima da linha e lançadas no resultado primário); essa incongruência pode gerar até mesmo situações paradoxais e bizarras, como aquelas que envolvem as relações do TN com os bancos federais;

f. A segunda deficiência é que, ao calcular por diferenças o gasto primário, ela deixa de lado as despesas não pagas, como se elas fossem irrelevantes para a análise do resultado fiscal;

g. A terceira deficiência é que, como mecanismo de indução à boa gestão fiscal, ela cria, por exemplo, o viés de que a despesa boa é despesa não paga; e quando aplicada às empresas estatais, apresenta um grave viés anti-investimento (para as não financeiras) e anticapitalização (para os bancos estatais), induzindo à sua desintegração no longo prazo;

h. A quarta deficiência é que se optou por considerar, no contexto da metodologia, o resultado primário como a meta fiscal, deturpando esse conceito enquanto importante submeta e instrumento de gestão fiscal; mais particularmente, a possibilidade de arbitrar, subjetivamente, o lançamento de despesas e receitas acima ou abaixo da linha ajuda a deturpar o conceito, o que recomendaria sua substituição pelo resultado nominal, seguindo o padrão internacional predominante;

i. A quinta e talvez mais importante deficiência é que a estatística com base nessa metodologia não é fiscalizável, já que não se baseia na execução orçamentária, apenas a tangencia. No caso da União, são consideradas somente as despesas (pagas) e receitas (recebidas); todo o fluxo financeiro considerado abaixo da linha está fora do orçamento e, portanto, da execução orçamentária;

j. Como corolário, a sexta deficiência é que as metas fiscais, propostas em todas as LDOs, não são fiscalizáveis, estando na dependência, para terem validade e valerem em execuções orçamentárias futuras, da regulamentação pelo

Senado Federal da metodologia do resultado fiscal, prevista no artigo 30 da LFR.

k. Por fim, deve-se concluir que o TCU não tem alçada para julgar uma eventual manipulação do resultado fiscal por parte do Executivo; para realizar tal tarefa, ele deveria: a) reconhecer tal impossibilidade junto ao órgão ao qual é subordinado, o Congresso Nacional; b) solicitar que as chamadas receitas e despesas abaixo da linha passem a integrar o orçamento e a execução orçamentária; c) solicitar ao Senado que regulamente a metodologia do resultado fiscal primário e nominal, conforme previsto na LRF[2]; e e) por último, abandonar definitivamente o critério de caixa para a mensuração de qualquer indicador relevante da gestão fiscal.

---

2 Diferentemente dessa direção, o TCU, por conta própria, produziu, ainda em 2014, um extenso relatório sobre a gestão da dívida pública, com "a identificação dos riscos mais relevantes e de questões que ensejam a atuação do TCU". O objetivo do relatório realizado na STN e no Bacen foi o de estruturar o conhecimento dos processos de gestão de dívida pública e conhecer os seus gargalos, riscos associados e elaborar uma matriz de auditoria com ações de controle a serem realizados a curto e médio prazo". (TCU 028.192/2014-1, p. 1). Em suma, legislar por sua conta e risco e, a partir daí fiscalizar, atribuindo-se o papel de autoridade monetária e fiscal.

Referências

ASSIS, Francisco Carlos. Nakano defende saída da atual matriz macroeconômica. *Estadão Economia e Negócios*. 26 maio 2014. Disponível em: <http://economia.estadao.com.br/noticias/geral,nakano-defende-saida-da-atual-matriz-macroeconomica,185936e>. Acesso em: 26 maio 2014.

BERNSTEIN, Eduard. The case for reformism. In: MILLS, C. Wrigth. *The marxists*. S. l.: Pelican Book, s. d. p. 173-186.

BNDES. *Custo líquido dos empréstimos do Tesouro ao BNDES*. Rio de Janeiro: APE/AF, 2105. Disponível em: < www.bndes.gov.br/wps/portal/site/home>. Acesso em: 9 ago. 2019.

_____. *Relatório de efetividade 2007/2014*: a contribuição do BNDES para o desenvolvimento nacional. Disponível em: <http/www.bndes.gov.br/site BNDES>. Acesso em: 10 fev. 2017.

BRAMI-CELENTANO, Alexandrini; CARVALHO, Carlos Eduardo. A reforma tributária do governo Lula: continuísmo e injustiça fiscal. *Rev. Katálysys*. Florianópolis, v. 10, n. 1, jan./jun. 2007. Disponível em: <http://dx.doi.org/10.1590/S1414-49802007000100006>. Acesso em: 10 fev. 2017.

BRASIL. Ministério da Fazenda. *Resolução CGPC nº 4, de 30 de janeiro de 2002*. Estabelece critérios para registro e avaliação contábil de títulos e valores mobiliários das entidades fechadas de previdência complementar. Disponível em: <http://www.previc.gov.br/a-previdencia-complementar-fechada/legislacao-especifica-1/resolucoes/resolucoes-cgpc/2002/resolucao-cgpc-no-04-de-30-de-janeiro-de-2002.pdf/view>. Acesso em: 10 fev. 2017.

_____. Presidência da República. *Lei complementar nº 87, de 13 de setembro de 1996*. Dispõe sobre o imposto dos estados e do Distrito Federal sobre operações relativas à circulação de mercadorias e sobre prestações de serviços de transporte interestadual e intermunicipal e de comunicação, e dá outras providências. (Lei Kandir). Disponível em: <http://www.planalto.gov.br/ccivil_03/leis/LCP/Lcp87.htm>. Acesso em: 10 fev. 2017.

_____. *Lei nº 12.783, de 11 de janeiro de 2012*. Dispõe sobre as concessões de geração, transmissão e distribuição de energia elétrica, sobre a redução dos encargos setoriais e sobre a modicidade tarifária; altera as Leis nºs 10.438, de 26 de abril de 2002, 12.111, de 9 de dezembro de 2009, 9.648, de 27 de maio de 1998, 9.427, de 26 de dezembro de 1996, e 10.848, de 15 de março de 2004; revoga dispositivo da Lei nº 8.631, de 4 de março de 1993; e dá outras providências. Disponível em: <http://www.planalto.gov.br/ccivil_03/_Ato2011-2014/2013/Lei/l12783.htm>. Acesso em: 10 fev. 2017.

_____. *Lei nº 12.844, de 19 de julho de 2013*. Amplia o valor do Benefício Garantia-Safra para a safra de 2011/2012; amplia o Auxílio Emergencial Financeiro, de que trata a Lei nº 10.954, de 29 de setembro de 2004, relativo aos desastres ocorridos em 2012. Disponível em: <http://www.planalto.gov.br/ccivil_03/_ato2011-2014/2013/lei/l12844.htm>. Acesso em: 10 fev. 2017.

_____. *Medida Provisória nº 579, de 11 de setembro de 2012*. Dispõe sobre as concessões de geração, transmissão e distribuição de energia elétrica, sobre a redução dos encargos setoriais, sobre a modicidade tarifária e dá outras providências. Disponível em: <http://www.planalto.gov.br/ccivil_03/_ato2011-2014/2012/mpv/579.htm>. Acesso em: 10 fev. 2017.

BRESSER-PEREIRA, Luiz Carlos [Org.]. *Doença holandesa e indústria*. Rio de Janeiro: FGV Ed., 2010. 342 p.

DESTRUIÇÃO a Jato: desmascarando Globo. 22:48 min. You Tube. Disponível em: <https://www.youtube.com/watch?v=o_c_-9uso4c>. Acesso em: 12 nov. 2016.

DEUTSCHER, Isaac. *Trotsky: o profeta desarmado*, 1921-1929. Rio de Janeiro: Civilização Brasileira, 2005. 570 p.

FURTADO, Celso. *Um projeto para o Brasil*. 3. ed. Rio de Janeiro: Saga, 1968. 132 p. (Imagem do Brasil, 6).

HOLANDA, Sérgio Buarque de. *Raízes do Brasil*. 26 ed. São Paulo: Companhia das Letras, 1996. 220 p.

KAUTSKY, Karl. What a social revolution is. In: MILLS, C. Wrigth. *The marxists*. S. l.: Pelican Book, s. d. p. 156-173.

LEAL, Victor Nunes. *Coronelismo, enxada e voto*. São Paulo: Revista Forense, 1948. 308 p.

LEMOS, Maurício Borges. Sobre "pedaladas fiscais". *Jornal GGN*. *Luís Nassif online*. 22 jul. 2016. Disponível em: < http://jornalggn.com.br/noticia/sobre-%E2%80%9Cpedaladas-fiscais%E2%80%9D-por-mauricio-borges-lemos>. Acesso em: 22 jul. 2016.

LENIN, Vladimir Ilitch. *Imperialismo, estágio superior do capitalismo: ensaio popular*. São Paulo: Expressão Popular, 2012. 171 p.

_____. *O que fazer?: problemas candentes de nosso movimento*. São Paulo: Expressão Popular, 2010. 288 p.

LUXEMBURG, Rosa. Reform or revolution. In: MILLS, C. Wrigth. *The marxists*. S. l.: Pelican Book, s. d. p. 186-198.

MARX, Karl. *O capital: crítica da economia política*. 15 ed. Rio de Janeiro: Bertrand Brasil, 1996. 2 v.

MILLS, C. Wrigth. *The marxists*. S. l.: Pelican Book, s. d. 460 p.

PEREIRA, Thiago Rabelo; SIMÕES, Adriano; CARVALHAL, André. *TD1665-Mensurando o resultado fiscal das operações de empréstimos do Tesouro do BNDES: custo ou ganho líquido esperado para a União?* Portal Ipea. Rio de Janeiro set. 2011. (Textos para Discussão). Disponível em: <http://www.ipea.gov.br/portal/index.php?option=com_content&view=article&id=12539>. Acesso em: 10 out. 2011.

PINTO, Antônio Costa. *O salazarismo e o fascismo europeu*. Lisboa: Editorial Estampa, 1992.

PIKETTY, Thomas. *O capital do século XXI*. São Paulo: Intrínseca, 2014.

RESENDE, André Lara. Juros e conservadorismo intelectual. *Valor Econômico*, 13 jan. 2017. Disponível em: <http://www.valor.com.br/cultura/4834784/juros-e-conservadorismo-intelectual>. Acesso em: 13 jan. 2017.

ROSAS, Fernando. O salazarismo e o homem novo: ensaio sobre o homem novo e a questão do totalitarismo. *Analise Social*. Lisboa, v. 35, n. 157, 2001. p. 1031-1057.

STEWART, Thomas A. *O capital intelectual: a nova vantagem competitiva das empresas*. Rio de Janeiro: Campus, 1998. 237 p.

TAVARES, Maria da Conceição. *Da substituição de importações ao capitalismo financeiro*. Rio de Janeiro: Zaar, 1972.